敏 感 期 儿 童 学 习 力 训 练

ZI ZHU XUE XI LI

自主学习力

用行为科学让孩子爱上学习

黄扬名　著

目 录
CONTENTS

前　言　破除关于学习的三大误解 / 1

第 1 部分　你真的认识学习吗？/ 001

　　第一章　为什么我们总觉得学习很难？/ 003

　　第二章　逼孩子努力，不如给他学习力 / 015

第 2 部分　如何提升孩子的学习力？/ 027

　　第三章　知觉力：学习的触发器 / 029

　　第四章　注意力：保持长时间高效学习的利器 / 053

　　第五章　记忆力：为什么孩子能记住动画细节，
　　　　　　却记不住课本知识 / 076

　　第六章　思维力：我们理解世界的底层演算法 / 105

　　第七章　规划能力：让孩子生成自己的学习地图 / 127

第 3 部分　运用行为科学让孩子自主学习 / 151

　　第八章　没有动机，怎么可能学得好 / 153

　　第九章　帮孩子培养一些好习惯，让他们受用一辈子 / 162

　　第十章　管好自己的情绪，学习更高效 / 169

　　第十一章　好的生活习惯，是学习最棒的养分 / 175

　　第十二章　培养学习力是一生的事 / 184

写在最后　对于学习的六个建议 / 197

附录　单元小任务——表格范例、答案与说明 / 206

前　言

破除关于学习的三大误解

黄扬名

有句话说："学海无涯，唯勤是岸。"这句话讲得非常好，因为学习是一场没有终点的马拉松赛跑。很多人离开校园之后，就觉得自己没有在学习了，这其实是对学习的误解，或者是一种过度谦虚的想法。

为什么我会这样说呢？首先，很多人误以为只有在学校里面或是在一个所谓的"课"当中，才是在学习。事实上，只要不是每天都做同样的事，生活一成不变，你就时时刻刻都在学习。像是有很多人会换公司，虽然担任同样的职务，也还是要学习一些在新公司才有的新规范；即使留在同一家公司，也可能有职务调动，或是转任领导层，就必须改变自己的工作方式。这些都是学习。更别说，在孩子出生之后，学着怎么当一位父亲或是母亲。所以，谁说你没有继续在学习！

面对学习，特别是孩子的学习，我想有不少家长囿于许多误解，导致对孩子的学习很焦虑。就让我先来破除大家对于学习的一些误解吧!

第一个误解:学习在特定场所按一定规矩展开

提到学习,很多人想到的是在教室内,有一个老师在教,学生在学,才是学习。这可能是源自中文当中的"学"这个字,最初是指有老师在一个屋子里教学生数学、写字。

不过,很久以前我们的老祖宗对于学习本身的定义就已广泛,像是其中一个内涵是指从阅读、听讲、研究、实践中获得知识或技能。《史记·秦始皇本纪》中就记载了"今天下已定,法令出一,百姓当家则力农工,士则学习法令辟禁",里面的学习,指的就是任何人获得某项知识的过程,而没有限定要由一位老师传授给一位学生。

而英语词典对于"学习(learn)"的定义是这样的——通过学习、练习、被教授以及亲身体验一些事情来习得知识或技能(to gain knowledge or skill by studying, practicing, being taught, or experiencing something)。

这些都说明了,学习不只在教室,不是只有老师教学生才称得上是在学习。事实上,**只要通过经验的累积,会造成持续性改变的行为,都是学习**。所以,你摸透老板的作息,知道哪一天可以翘班,这是学习;你的孩子知道每次他哭了,你就会随他摆布,这也是学习。

> (1)学习绝对不是"在特定的情境下才发生"。
> (2)学习绝对不是"在特定的形式下才算数"。
> (3)学习绝对不是"要有一位老师、一位学生"。

也就是说，学习不是只有在教室里才发生，而是在任何地方、任何时间都可能发生，所以爸爸妈妈应该谨言慎行，因为你不知道孩子什么时候会学习你的所作所为。千万不要以为你没有"教"孩子的事情，他就不会学。

我自己有个惨痛的例子：开车时我很习惯按喇叭，有一次有辆车突然冲到我的前方，我都还来不及反应，就听到从后座传来一个声音，当时才两岁多的老大说："快叭他。"意思是叫我快点按喇叭。我当时感到有点惊喜又惭愧，惊喜的是儿子居然会一些我没有教他的事情，惭愧的是，我竟然让儿子学到了自己不好的习惯。

很多人不喜欢爸爸妈妈教育自己的做法，但在被别人提醒时，往往才惊觉自己正在用当年爸爸妈妈对待自己的方式教育孩子。不仅是在家庭教育中如此，你在一家公司待久了，换到另一家公司，别人有可能从你的做事风格就判断出你是从哪家公司转过来的，即使你没有刻意去学习，也没有意愿学习，这些"养分"也会通过日积月累塑造着你。

学习无处不在，也意味着不只是坐在教室里面，跟着课本内容逐条朗诵才算学习。**只要让学习者有机会接收到我们希望他们学习到的信息，就可以算是学习。**在我念幼儿园的那个年代，大概从中班开始，老师就在教我怎么写字、算数，等等；可是现在大多数幼儿园才不是如此，基本上孩子去幼儿园都是在玩，老师"教"全班孩子的时间仅有早上、下午各半小时的绘本阅读或是活动。

你或许会很好奇，孩子都在玩，真的有学到东西吗？如果是从学科学习的角度看，我想孩子学习到的真的不多。但是从其他的指标来看，我必须说孩子有很多的进步，例如，生活的自理、人际关系的互动协调、自我兴趣的培养等，都可以明显看到转变。

研究也发现"玩"对孩子是有帮助的，特别是对于大脑额叶的发展有促进效果。有一项研究发现，三年级小朋友的社交能力最能够预测他在初中二年级的学业表现，而社交能力就是通过玩的过程培养的。

现在世界各地都有新形态的学校，不以学科挂帅的方式引导教学，而是通过主题式学习，把学科知识糅进这些主题活动中。像是有学校要学生规划一次海外学习旅行，那么要达到这个目的，就会训练孩子多种不同的能力，比如：外语沟通能力（能跟外国人交流），以及数学、逻辑思维能力（订机票、住宿时能使用最优惠的方案）。

很多人会担心这样的教学对孩子不好，主要是怕孩子进不了好的学校，而不是孩子没学到东西。但是，这是非常矛盾的，**你必须问自己，到底学习是为了什么**。

另外，学习不是一定要有一个老师、一个学生，你也不是只有从老师身上才能学东西。我在英国念博士的时候，针对这点有很深刻的体悟。作为一个博士班学生，我几乎不需要修课，只有一门方法学的课程需要去上课。一开始我有点着急，担心自己落后了，到时候会没有办法毕业。

但是后来我发现，在英国读博士时与导师的关系更像是传统师徒之间的关系，你就是该多跟导师请教学习，而且导师不是只有面对面授课才能够教你东西。同样在英国念硕士的同学，虽然要上很多课，但他们常会抱怨老师都只是请他们读论文，然后口头报告、讨论，感觉没有学到东西。

我觉得这样的想法非常可惜，因为老师固然专业，但是老师只有一个，学生有那么多个，每个人都有不同的思考角度，如果大家一起碰撞，不一定会比老师差。俗话说，"三个臭皮匠，赛过诸葛亮"，道理就是如此。

在这个信息爆炸的时代，我们更不能期待学习一定要有个老师在身边才能发生。当你有足够强烈的动机，网络上有非常多自学的资源，只怕你不愿意去使用。

第二个误解：学习越早开始越好，越多越好

很多人急着让孩子上各式各样的启蒙课程，一方面是源自竞争的焦虑，另一方面则是想要弥补自己当年的遗憾。虽然我们确实看到很多从小就开始学习某个学科或某种才艺的孩子，真的比起同年龄的孩子有更好的表现。但是，人生漫漫长路，就算你的孩子比别人早会了某些知识，真的就能带来一辈子的优势吗？如果孩子没有持续精进自己的知识，就像《龟兔赛跑》中的兔子一样，最终不见得能够赢过乌龟。

有效的学习，要配合孩子大脑的发育规律。多数的孩子大脑发育进程是类似的，**和感官相关的脑部区域最早发育，接着是语言的发展，之后才是比较高层次的认知能力**，比如决策、判断等（见图1）。掌握大脑发育规律，给予孩子刺激，对孩子才是有帮助的。

我举个极端的例子，现在很多人认为逻辑思维的能力很重要，于是在孩子一个月大的时候，就想要训练孩子的逻辑思维，但是这样的做法有很大的问题，因为逻辑思维的能力相当抽象，一个月大的孩子，大脑还没有准备好要处理这样抽象的东西，不仅训练起来很困难，孩子的学习曲线也会很平缓，也就是学得很慢。

> 在对的时间，给予适当的刺激，才能高效学习。

虽然不同的能力有各自发育的敏感期，但是有些孩子的能力发育可能有差异,例如,你家孩子的语言能力发展比较慢,但是高层次认知力的发展则和多数的孩子没有差异。另外,即使过了敏感期,孩子还是能够获得那些能力,只是效率可能会比较低一些。

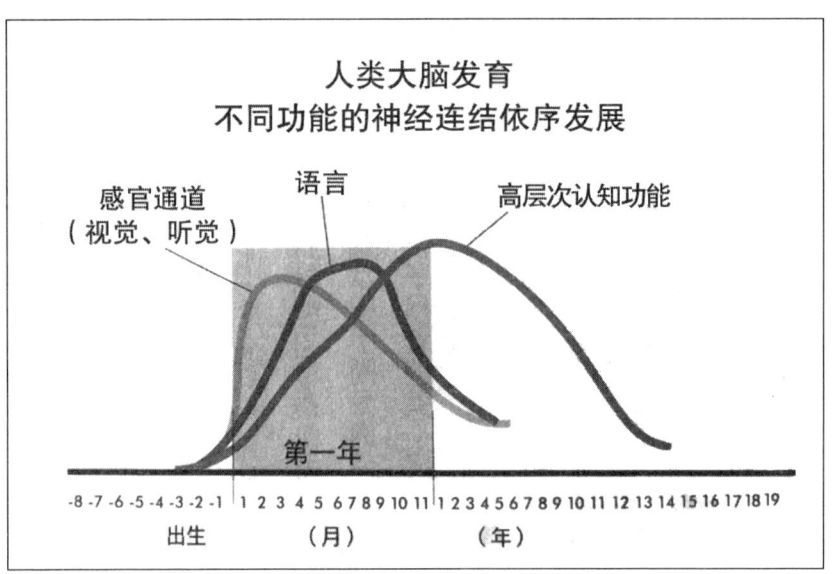

图1 大脑发育一览,资料取自《从神经元到邻里:幼儿发展的科学》(*From Neurons to Neighborhoods: The Science of Early Childhood Development*)一书

我在这里也要鼓励大家多学习,**因为学习对大脑带来的影响是一直都存在的,不论你是小孩、青年人、中年人还是老年人,只要有新的学习发生,就会对你大脑的运作带来影响。**而且很多研究都证实了,学习新的、有挑战性的知识,会让大脑的灰质和白质增生,会促进神经元联结的形成,更重要的是会有效降低失智症的发生概率。

除了考量大脑的发育规律之外,我认为**学习的环境以及学习成就对个人的实质影响力,也主宰了学习的效率。**我的母亲是大学英语老师,在我念小学一年级时，母亲就让我们开始接触英语，这在那个年代算是相当早的。但是我对于英语一直没有很强烈的感受，也不是那么会用。

不过，在我小学五年级要升六年级的时候，我们全家去美国住了一年，我和弟弟就读于当地的公立小学，除了一小时的语言加强班之外，每天都和当地的小朋友一起上课。英语能力和我在学校的生活有极度紧密的关系，整天都沉浸在英语的环境中，那一年我的英语能力有极大幅度的进步。即使后来离开美国，我的英语还是有很高的水准，直到出国念书，英语都是一个我不需要太费心，又能有杰出表现的学科。

这只是个例子，不是说你一定要送孩子出国念书，而是强调：**当学习有个明确目的，才能学得好**。就像如果工作中没有写程序的需求，你学习写程序的效率肯定不高。但如果老板说："给你三个月的时间，若没办法用Python解决公司财务报表，你就准备走人吧！"我想你应该一个月内就会学好了。

学习不是越早越好，也不是越多越好。

第一，如果学习的素材非常相似，学习的效率会很差。例如：你要孩子学习一连串发音相近的字词，他们就会学得很慢；但是如果字词的发音差异性很大，孩子的学习就会比较有效率。所以，当素材很相似的时候，一次全学，反而会学得比较差。

第二，长时间的学习容易疲惫，注意力不集中，效果不如把时间切割成区块来学习。区块学习还有另一个好处，因为每次的学习都会有不同的情境信息，这些情境信息都有助于未来记忆的提取。

第三，高强度的学习通常会伴随着压力的上升。虽然适度的压力对于个体是有好处的，但是若长期处在过度高压的状态，对大脑是有害的，而且会全方面影响一个人的健康。

所以，**学习"正确"的知识，比起学习大量的知识更为重要。**

而什么叫正确的知识？简单来说，就是对你有最直接影响的知识。比如：对一个家庭主妇来说，正确的知识可能是怎么轻松完成家务，烹饪美味又健康的饭菜，还有怎么利用闲暇时间提升自己的幸福感；对上班族来说，可能是怎么提升自己的工作效能、经营自己的人脉、让自己的薪资翻倍；等等。

不过，对每个人来说都是正确的认识，那就是掌握如何高效地学习。

第三个误解：背多分

我相信在大家的求学阶段，都有过这么一些知识点：你没有动机想要去搞懂，或是花了很多时间也没有能力搞懂，但往往考试的时候就是会考，许多人都会选择死记硬背。我也有过这样的经历，虽然考试过关了，但是这个知识点在我脑海中没有留下任何痕迹。

如果你真的想要学习一个新的知识，死记硬背绝对是最糟糕的做法。因为死记硬背只是用语音保存这个知识，它并没有被赋予意义，很容易变形而出错。就像中文同音词很多，如果你只是重复语音，可能会产生误解，像是"数目"和"树木"，就会闹笑话了。此外，用语音的方式保存知识，很容易受到干扰，就像你没有办法同时跟两个人通话一样，当你死记硬背的时候，如果还要一边跟人讲话，效果会很差。

学习绝对不能太被动，你必须要主动地去思考，否则学习的成效会大打折扣。

这就是为什么我认为订阅太多专栏不一定对你有帮助，因为我们很容易会想要偷懒，只是在被动地吸收知识。然而就像死记硬背一样，被动吸收知识的效果非常有限。听知识专栏是如此，看电视也是如此，如果你没有主动去思考，那么这些信息对你大脑来说都不是太好的养分。事实上，脑部造影的研究发现，阅读时的大脑和看电视时的大脑有极大的差别，其中很大的差异就是源自前者比较主动，而后者是比较被动的。

我知道没有人会打从一开始就想要死记硬背，因为没时间了，才会选用这样的下策。因此我要提醒大家，请在需要上场的前一天死记硬背，因为如果熬夜死记硬背，这些信息是没有办法长时间保存的。睡眠对于记忆的保存是非常关键的，过去很多研究都发现，如果学习之后没有睡觉，学习的效果就会变得很差。当然更好的做法是不要死记硬背，而是提前做准备。

在这本书当中，我要先带你认识学习是什么，以及大脑是怎么学习的。接着，我要告诉你哪些因素会影响学习，有些可能会让你非常意外。除了介绍原理之外，我也规划了一些游戏，让你可以跟孩子玩出学习力。另外也特别设计了单元小任务，让你在读完一个章节之后，可以检验一下自己的理解，以及是否能够把内容应用在提升孩子的学习上。最后，我还要从更宏观的角度，带你思考要怎么帮孩子规划好的学习方案。

那么我们就起航吧！

第 1 部分

你真的认识学习吗?

在第1部分,我要先帮大家打一些基础,
认识哪些能力和孩子的学习有关系。
在这些能力中,
有一些是直接和学习有关系的,
有一些则是比较间接的。
不论是哪一种,
若你能够协助孩子提升这些能力,
都有助于促进孩子的学习。

第一章 为什么我们总觉得学习很难?

你在教孩子说话或算数时,是不是常常觉得孩子怎么学得这么慢,教了好几次,还是搞不懂1+1=2这样简单的事情?可是你又会很纳闷儿,为什么有时候孩子会讲出一些艰涩的词语,你明明就没有教过他啊!

不仅在孩子身上,成年人也同样会有类似的现象。你自己想想,生活中对有些事物的学习就是很容易,学了一次就会。但如果要学一门新的语言或是一种新的乐器,恐怕就没有那么快了。那么,学习究竟是怎么一回事,我们又是如何学习的呢?

学习是什么?

之所以会有这样的差异,其实和学习的本质息息相关。那学习的本质又是什么?我们先来谈谈什么叫作学习。你可能会觉得谁不懂学习,可是若要定义什么是学习,你会怎么说?

如果你教孩子"1+1=2",教了好多次,你再问他:"1加1等于多少?"他答不出来,那么孩子算是有在学习,还是没有学习呢?

如果一个孩子已经学会弹钢琴,但是因为手受伤了没办法弹琴,你会说他没有学会弹琴吗?

之所以举这两个例子，是要让大家更全方面地去思考：学习究竟是什么？我在这里分享一个我很喜欢的定义：

学习是因为经验的累积而造成行为上持续性改变的结果。

这是我在读硕士时用的一本教科书《学习与行为的准则》（*The Principles of Learning and Behavior*）里面提到的。其中有两个重点：

（1）学习必须是因为经验的累积而形成的。

（2）学习必须造成行为的持续性改变。

接下来我就分别解释一下这两点是什么意思。

学习是靠经验累积而形成的

首先，学习并不会凭空发生，必须要经过经验的积累。

很多时候我们以为自己没学过就会的东西，其实有可能不是凭空而来，只是我们没有察觉到那些事件的发生。

心理学的研究屡屡发现，如果让你看一些快速呈现的图片，虽然你在主观上没有办法分辨，但还是会受到这些事物的影响。比如，我们会在不知不觉中记住某个广告图片，或者某句广告词。所以说，自己没有察觉的经验，还是会对我们造成影响。

因此，**我们千万不要觉得孩子只有在"上课"的时候才会学习，其实孩子的学习是随时都会发生的**，这也就是为什么"身教"非常重要。因为孩子随时都在学习，而且是从你身上学习。

科学家从对脑的研究中也发现了积累经验的效果。也就是说，每当新学会一件事物，你的大脑就会有细微的变化。这在低等动物中也有体现。诺贝尔生物医学奖得主埃里克·坎德尔（Eric Kandel）的研究发现，重复学习会造成生物神经元结构的改变。而在人脑中，学习也会留下痕迹。

加拿大的心理学家唐纳德·赫布（Donald Hebb）喜欢观察脑细胞的活动，他发现，随着学习次数（也就是学习经验）的积累，两个脑细胞之间的联结会越来越紧密，而当脑细胞之间的联结越紧密，信息的传递就可以少走冤枉路，信息传递的效率会变快，反应在行为层面上，就是这个人能够把事情处理得更快、更好。

学习必须带来改变

带来改变是学习很重要的一个目的，但是到底怎样的变化才算是改变，而且是跟学习有关系的呢？

就像爸爸妈妈都很爱跟几个月大的孩子讲话，希望孩子能学会叫"爸爸""妈妈"。相信我们都有这样的经历：对着孩子重复说着"爸爸"或"妈妈"，如果孩子发出类似的声音，我们就会很开心，觉得孩子已经学会叫爸爸妈妈了。但这样的变化，并不能算是改变，充其量只是一种因外界刺激而产生的反应。

孩子心里可能在想着：我到底要怎样才能摆脱这家伙，是不是只要发出一点声音就可以了？于是就发出了爸爸妈妈期盼听到的声音。然而，对孩子来说，他们根本没有形成大脑的变化，只是单纯做出反应罢了，就像是有东西朝你飞过来，你会立刻闪躲。

如果单纯做出反应，不算学习带来的改变，到底什么才算呢？

这其实跟我们怎么定义"改变"有关系。

如果我们认为要从不会弹钢琴，到能够顺畅地弹奏一首乐曲才算是学会，改变可能就不会那么快发生。而且有些学习的成效，不是短时间内能够观察到的，只用外在的表现来评估学习成效，并不是很妥当。

很多时候我们看到孩子不会做某件事情，例如念了很多遍的古诗还是记不住，就会责难他怎么又没有好好学习。其实，我们应该**深入了解孩子到底有没有成功学习**。如果有，为什么学习的成果没有办法展现出来。没有仔细评估就直接责备孩子，会让孩子很受伤，而且孩子有可能就会丧失学习的兴趣，甚至讨厌学习。

更复杂的是，有时候孩子其实已经学会了，但是他不想让别人知道自己学会了。你可能会觉得很奇怪，怎么会有人明明知道一件事情该怎么做，却选择不动声色呢？其实在孩子身上，这样的现象很普遍。

一方面是孩子虽然知道方法，但还不确定自己是否能够面对做事的结果，所以选择不要做任何事情。比方说，孩子如果让你知道他已经会认拼音，你可能就不会继续念故事给他听，而是要他自己念给自己听。一些孩子迟迟不愿意开口讲话，部分原因也是如此。

学习必须带来持续性的改变

学习带来的改变如果不能延续，也不能算得上是学习。而学习的效果是否能够延续则和两件事情有关：

第一，我们的大脑是用什么形式来保存学习的效果。

第二，要怎么延续学习的兴致。

先来谈谈记忆的保存形式。不同的保存形式会造成极大的差异。**记忆的保存可以简单分为外显和内隐两种**。所谓外显的形式，就是我们可以用口语讲出来的储存方式。像是你可以说出做一道菜需要准备多少食材，这就是外显的记忆。

而内隐的记忆是比较难讲出来,但是你会做的事情。例如,你习惯用某一个锅煮菜,换了一个新锅以后,怎么用都觉得不顺手,就是因为你无法用操作旧锅的方式来操作新锅,需要重新学习。

多数的学习,一开始都是用外显的形式储存,之后才会陆续转为内隐的形式储存。如果两者兼具是最好的,毕竟外显的形式比较容易随时间而逐渐被遗忘,内隐的形式则比较不容易被遗忘。

就好比学开车,一开始在驾校练车,教练在教倒车入库时,都会教你在哪个位置要打几圈方向盘。考驾照的过程中,每个人都牢记这些规则,但在开车多年之后,你可能早就无法背出来那些口诀了,不过倒车入库的技术比刚拿到驾照时要好得多。

那么要怎样让记忆的储存形式改变呢?很可惜,没有办法切换一个按钮就达成这个目标。**我们唯一能做的,也是最有效的方法,就是多练习,而且要有策略地练习**。在接下来的章节中,**我就会提到高效学习的策略**。

接着,我来谈谈要怎么提升学习的兴致,也就是说要乐在学习中。

乐在学习中有很多好处。在学习的时候,兴趣会提高学习的效率;在学会之后,乐趣也会让孩子想要持续练习。**让学习成为一件快乐的事情,对于学习来说是非常重要的**,但是很多家长在引导孩子学习时,往往忽略这件事情的重要性。

我相信有人也和我一样,小时候被家长逼着练钢琴、背英文单词等,学的时候很痛苦,但现在想起来,觉得当时那样好像还挺好的,于是你就决定用同样的方式来对待孩子。其实这不太好,因为整个大环境已经随着时代不同而有所改变,如果你用自己小时候被对待的方式来对待孩子,失败的概率是很高的。所以，我们还不如抛弃一些过时的经验，**就从孩子大脑发育的特点出发，用孩子能接受的方式来引导孩子高效学习。**

现在有很多通过游戏来学习的工具，以及结合科技的学习方式，都是很适合拿来引导孩子学习的。当然更有效的做法，是爸爸妈妈跟着孩子一起学习，这样会减轻孩子的学习焦虑，也会让孩子更有意愿学习。

我们是怎么学习的呢？

在掌握了学习的根本要素之后，我接下来谈谈学习究竟是怎么发生的。

汰旧换新是关键

学习看似相当复杂，但关键原则是很简单的，就是汰旧换新，也就是淘汰旧的，换上新的。那具体是淘汰什么，换上什么呢？说到这个，我就要来科普一下和脑科学有关的原理了。大家应该都知道，我们常说的脑细胞，多数时候是指脑中的神经元，神经元和神经元之间有联结，而神经元之间的沟通控制着我们的行为。

婴儿刚出生时，大脑里有非常多的神经元，但是到三岁左右，不需要用到的脑细胞和它们之间的联结就会被迅速淘汰掉。这样的改变，反映在孩子的行为上，就是孩子出生时具备的一些能力会丧失。最经典的例子就是，几个月大的孩子都是"世界公民"，他们能够区分所有语言的所有声音，但是到要开始学母语的时候，孩子这样的能力就丧失了，只对自己环境中常接触的语言还保有同样的敏感度。

为了帮助大家更好地理解这个淘汰的过程，我就打个比方吧。如果把小孩的脑袋比喻成一个花园的话，神经元和神经元之间的联结就是花园里的花花草草。在婴儿刚出生的时候，这个花园是非常拥挤的，是杂草丛生的。但是随着孩子渐渐长大，在他们儿童期和青少年期，这个花园中有大约40%的杂草会被修剪掉，只留下最美观的植物。因为过多的杂草没有什么存在价值，还会侵占资源。相信你也能想象到，通过这样的修剪，整个花园看起来会更和谐。

说完了淘汰的过程，那么换新又是什么意思呢？简单来说，换新不仅仅是指新的神经元的产生，更关键的是神经元之间的联结被加强，或者产生了新的联结。如果再回到刚刚提到的那个花园的比喻，这个过程就好像在一边维护有价值的花草，一边又种下了新的植物。

我们的大脑是一个很重视效率的器官，会迅速淘汰掉不需要用到的脑细胞和它们之间的联结。相对的，如果大脑察觉有些脑细胞和它们之间的联结对个体有帮助，就会保留并且强化它们。 而神经元之间的运作控制着我们的行为，所以在这样的过程中，一些没有价值的能力好像消失了，而一些有价值的能力也在迅速提升。

那现在重点来喽，学习在这个淘汰和更新的过程中处于什么位置呢？

其实我们后天的经验，或者说后天的学习，就好像是花园里的园丁，在很大程度上可以决定要修剪掉什么草，要种上什么花。这也就是我为什么说"学习是汰旧换新"的原因了。后天学习的影响会有多大呢？举个最极端的例子来说：

从我们生下来，大脑中就有一块区域主要负责处理视觉信息，意识到我们看到的东西是什么，从而做出回应。比方说，你的一个朋友向你走来，这块脑部区域就会把这个人的影像进行加工，将加工后的信息传到别的脑部区域，我们就能认出他，和他打招呼。

在天生就看不见的人身上，我们会发现这块脑部区域能做很多别的事情：它可以负责处理其他类型的信息，例如与触觉、听觉有关的信息。这种改变很明显是后天学习到的，用来弥补先天的不足。所以说，**学习是能够改变大脑结构的，甚至是改变大脑原本的配置。**

常见的学习类型

刚刚是从脑科学的角度来看学习，而从行为上，学习是如何表现出来的呢？简单来说，我们可以把学习分成三种类型：联结学习、模仿学习和认知学习。

1. 联结学习

联结学习，又叫制约学习，可分为两种不同的类型。其中大家比较熟悉的叫作操作制约（operant conditioning），也就是学会了做一件事情，会引发某些特定的结果。如果是这个人喜欢的结果，他就会更想要做这件事；但如果是这个人不喜欢的结果，他就不倾向于做这件事了。

比如，孩子如果认真学习，老师给他喜欢的小礼物，就会强化孩子认真学习的行为。又比如，孩子在餐厅大吵大闹，父母就惩罚他不可以玩新买的玩具，他就不会在餐厅吵闹了。不过，很多父母面对孩子在餐厅大吵大闹时的做法，就是拿出手机给孩子玩，你觉得孩子会学习到什么？孩子学到的，不是进餐厅要保持安静，而是只要吵闹就可以玩手机。

除了操作制约之外，俄国的生理学家巴甫洛夫（Ivan Petrovich Pavlov）发现了另一种联结学习的类型——古典制约（classical conditioning）。他长年针对狗的消化系统做研究，有一次发现实验室的狗还没吃东西就开始分泌唾液，他觉得很奇怪，于是做了一连串测试才发现：狗学习到，喂食的人来了以后，它就会被喂食。所以每当看到喂食的人，狗就有了预期被喂食的反应，也就是分泌唾液。

这样的联结学习，不仅可以在动物身上看到，在人类身上也非常明显。比如，婴儿看到妈妈走到门边，或是换上不同的衣服，可能就会开始哭闹。因为在他的经验中，妈妈走到门边或是换上衣服这件事情，就代表着妈妈要离开他了。所以虽然妈妈还没有走，孩子就开始焦虑了。脑科学的研究也发现，这样的联结学习确实让某些脑细胞之间有新的联结产生。

其实现在很先进的人工智能，说白了就是在做所谓的联结学习，只是背后的运作机制是把很多元素都纳入其中，然后找出哪些事情之间是真的有关联性，以及会得到哪些特定的结果。

2. 模仿学习

模仿学习是在孩子身上，特别是年龄越小的孩子，越常发生的学习类型。

模仿这件事情是写在基因里的！你想想看，如果我们的祖先没有模仿其他动物或他人的行为，我们就很有可能因误食有毒的食物而身亡，或是不小心被天敌吃掉。你应该也发现了，孩子非常喜欢模仿你的行为。我家里有两个小孩，他们除了模仿我之外，还会互相模仿。我常会发现老二喜欢模仿老大的一些行为。当然，有时候老大也会模仿老二的行为。

再分享几个我自己的例子：有时候我难免会在家里办公，看到我盯着电脑屏幕敲打键盘，老二有时候就会模仿我敲打键盘的动作，还会很得意地跟我们说他正在工作。另外，由于家里有声控设备，两兄弟也通过模仿学会了怎么控制这些设备，还下了很多奇怪的指令，真是让人很头痛。

对孩子来说，模仿别人的学习是最自然的，也是最有效的。 所以也不要怪他们会这么做，反而该鼓励他们多观察别人，然后放手让他们去尝试，孩子才有机会修正这些模仿学习得来的知识。

3. 认知学习

前面谈到的联结学习、模仿学习，都是一种为了得到什么而发生的学习。那么如果没有直接好处，我们还会学习吗？理论上是有难度的，因为就像之前说的，大脑是很注重节省能量的一个器官，如果做了一件事情，一年后才会有奖赏，恐怕连成年人都不太愿意去做。

但是，有一种学习是不会即刻产生结果的，也可以说是**为了习得知识而发生的学习**。最经典的例子来自对老鼠的研究。

过去拿老鼠做研究的科学家总认为：如果没有在迷宫的终点给老鼠奖励，它们就不会走迷宫。但是有一位心理学家做了一个有意思的实验，他把吃饱喝足的老鼠放到迷宫当中，让它们尽情地探索这个迷宫。迷宫里有一个位置放了食物，另一个位置放水。在探索迷宫的时候，这些老鼠都没有去吃食物、喝水，也就是说，没有获得即时的奖赏。事后他把这些老鼠分成两组，一组不给饭吃，另一组不给水喝，再把它们放进迷宫中，就会发现：挨饿的老鼠会直接往有食物的那边跑，口渴的老鼠会直接往放水的地方跑。这个研究说明，**即使没有立刻的奖赏，学习还是会发生的**。

学习类型	起始年龄	学习成果的弹性	高层次能力的获取	对学科学习的影响
联结学习	小	中	低	中
模仿学习	小	低	低	低
认知学习	大	高	高	高

以上三种学习中，模仿学习最容易发生在学龄前的孩子身上，但这并不表示只能通过这样的方式来让孩子学习。你可以观察哪种学习方式对他是最有帮助的，然后再为孩子制订适合他的学习计划。另外，**孩子在学习不同的东西时，最佳的学习类型可能是不同的，要多尝试不同的学习方式，来达到最佳的学习效益**。

例如，你想让孩子学舞蹈，那么你带孩子到舞蹈班去试课时，就可以在旁边观察。如果孩子对舞蹈感兴趣，看到老师在音乐中跳舞，就会去模仿，尝试跟着跳，这样就是模仿学习。

但是也可能有的孩子适合用联结学习。例如，你把一次舞蹈课和一顿好吃的联结在一起，把好吃的东西当作奖励，孩子可能会更愿意去学舞蹈。但这种方法会让孩子产生依赖，不能常用。

其实家长在教育孩子的过程中，很多时候是结合了这三种方法。举例来说：

1. 如果你要教孩子理解数字"4"，可以先在白纸上写个"4"，然后让孩子读出"4"，之后试着用手指数出"4"，再试着在白纸上写一个"4"。这个步骤就是模仿学习。

2. 然后你给孩子做示范，从身边物品中，找一件含数量"4"的东西，例如4条腿的桌子。跟孩子一起数："1、2、3、4，桌子有4条腿，我发现一个'4'！"这就是认知学习。在这个过程中，虽然没有直接奖励，但孩子还是学会了"4"这个数字。

3. 最后你可以鼓励孩子去发现生活中含数量"4"的东西，引导孩子发散思维，例如，"4"个轮子的汽车，"4"条腿的小狗，等。在孩子自己发现"4"的过程中,你一边给予他很多鼓励和表扬,反过来也强化他再去寻找。这个过程就是联结学习。

 心理学家爸爸之单元小任务

在这个单元中,介绍了学习是什么,也讨论了我们是怎么学习的。接下来,请你完成下列任务:

1. 用一句话来说说,你认为学习是什么。

2. 本单元中提到了三种学习类型:联结学习、模仿学习和认知学习。结合文中的例子,请想想你最近一次教孩子学习用到了哪一种或哪几种学习类型。

第二章 逼孩子努力，不如给他学习力

大脑的发育和孩子的学习是息息相关的，但是，你真的了解大脑是怎么运作的吗？我想先简单测试一下，请大家回答几个问题：

（1）你是否相信人类大脑只有10%被开发了？
（2）你是否相信所谓的右脑开发？
（3）你是否相信听莫扎特的音乐就能提升孩子的大脑运作能力？

如果这三件事情你都相信，那么就有点麻烦了。

因为你被骗了，这些信息都不准确。我暂时不一个一个说明为什么这些信息是错误的，就先谈谈为什么很多人会相信这些脑科学的谬论吧。

其实最主要的原因，就是我们对于大脑的运作都不熟悉，在面对这些伪科学的时候，完全没有判断能力。而我们又都希望自己或孩子可以有更好的发展，既然有人提出来一个做法，就会担心自己如果没有跟着做，是不是就会输给别人了。

这样的焦虑是难免的，但是用了错误的方法，可能只是劳民伤财，顶多减轻了焦虑感，实际上什么帮助也没有，甚至会带来伤害。所以，接着我要告诉大家正确的信息，让你**了解大脑的运作**，知道要怎么根据大脑运作的节奏，来提升孩子的学习力。

大脑的发育特性

大脑和身体的很多器官一样,在孩子出生时都还没有发育完全,但是大脑的发育有几个特殊性,即**可塑性强、有敏感期、有区域发展的差异性**,以下分别说明:

可塑性强

可塑性的"塑",就是塑胶的"塑",强调有很多变化的可能性。大脑发育除了受到天生因素的影响,也受到很多后天因素的影响。科学家对同卵双胞胎的研究就可以说明这一点。同卵双胞胎,就是大家看到的那些长得几乎一模一样的双胞胎,他们的基因完全一样。有研究发现,同卵双胞胎如果在不同环境成长,大脑的发育会有所不同。

大脑之所以要有那么强的可塑性,可以说是一个演化而来的礼物,因为环境随时会有变动,如果负责主宰人类行为的器官——大脑,没有办法做弹性调整,就很容易面临生存的危机。

过去的研究认为大脑的可塑性只存在于孩子身上,但随着技术的进步,最新研究已经证实,即使是老年人的大脑,也会展现出可塑性,**只要后天的环境持续给予刺激,大脑就有机会做出改变。**

不过,这样的可塑性也不是无限的,还是有一定的局限性,而且是源自天生的限制。

很多证据都显示,脑的运作在二十五岁左右(甚至更早)达到了高峰,之后就开始下滑,只是每种能力下滑的速度不一,每个人下滑的情形也不一样。年纪越小,大脑越容易因经验而发生改变;而随着年纪的增加,要发生改变的成本越来越高。如图2所示,实线代表大脑的可塑性,虚线代表要发生改变的难度。可以看出,随着年龄的增加,改变的难度越来越大。

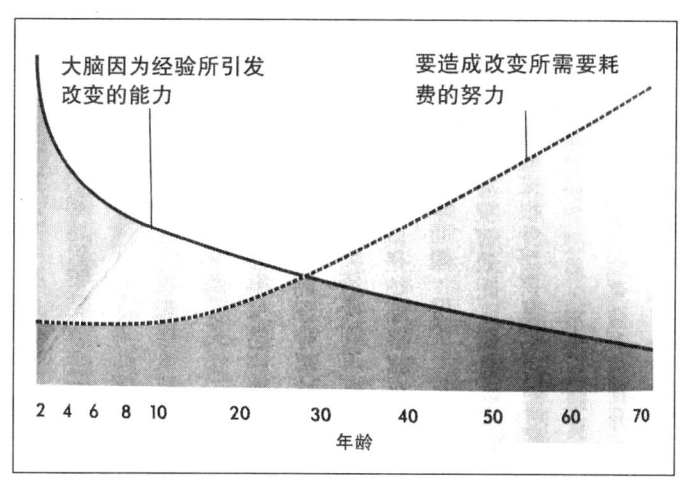

图2 大脑因经验引发改变的能力会随着年龄下降,但是改变需要耗费的努力,则是随年龄而上升。也就是说,年龄越小,越容易因为经验造成大脑的改变。资料来源:Levitt(2009)

每个爸爸妈妈都希望孩子好,所以很容易就会陷入一个困境,想一股脑儿把所有东西都塞给孩子。在知道大脑有那么强的可塑性之后,家长更加觉得有必要,以为给的信息越多,孩子的大脑就会发育得越好。但是这样的做法会有几个问题:

第一,大脑的运作相当耗费能量,如果大脑承载过多信息,又无法补充足够多的能量,反而会造成疲劳,甚至影响大脑正常运作。

第二,将信息一股脑儿丢给孩子,学习成效会很差,因为神经元持续在活动,很难有效率地形成有意义的新联结,学习也就很难发生。

第三,当大脑中的信息增多的时候,大脑运作的速度会受到一些影响。

所以，学习绝对不是多多益善，而是要在对的时间，给予适量的素材。

说到提供素材，我想再来谈谈另外两个关于促进大脑发育的误解。第一个就是，我们的大脑是否只用了10%呢？

首先，10%这件事情过于夸张，即便只是做一件很简单的任务，例如活动手指，做手指操，大脑中活动的部分都远远超过10%。其实不管大脑究竟用了多少，我们都还有进步的空间。大家更需要知道是否有办法帮孩子开发潜能，让孩子更聪明。

第二个误解就是传言有研究发现听莫扎特的音乐会让孩子变聪明、更有创造力。甚至有人看准商机，用了"莫扎特效应"这个词来说明这个效果，并推出很多唱片。

但究竟有没有效呢？虽然最初的研究确实发现听莫扎特的音乐，会提升空间思维的能力，但后来很多想要重复这个研究的尝试都失败了，没办法得到同样的结果。

甚至有研究发现，不论是听莫扎特的音乐，还是读侦探小说，只要做自己喜欢的事情，心智功能都会有所提升。换言之，关键不是听莫扎特的音乐，而是让孩子做他喜欢、感兴趣的事情，他之后的表现就会比较好。不过如果只是让孩子听点音乐，陶冶性情，古典音乐倒是不错的选择。

有敏感期

相信爸爸妈妈在一些才艺班的广告中都听过一个说法，学习要趁早，否则孩子就学不会了。这样的说法是从大脑发育有关键期的观点出发，意思是错过了这个关键期，就没有办法培养特定的能力。

过去确实有一些研究证据比较支持关键期的观点，但是随着仪器设备的进步,以及我们对大脑可塑性的理解,关键期的观点逐渐式微。就拿学习外语来说,有人认为学习外语要趁早,否则孩子就学不好。但是有证据显示,语言的学习不是过了学龄前这段时间就不会发生,很多人都是成年以后才开始学习外语,也能够达到很精熟的程度。

虽然说学习不是错过某个时间点就不会发生,但**不同能力的学习是有发育敏感期的**,也就是说,个体在某段时间对于学会某项能力最为敏感。所以,**我们需要了解不同能力发育的敏感期,在对的时间给予相关的刺激,才能帮孩子的学习加分**。不过要提醒大家,虽然敏感期是存在的,但是孩子大脑发育的敏感期仍有一定程度的个体差异,没有一个绝对的标准可以告诉大家,什么时间点是某个能力的发育敏感期。

有些机构把孩子发育的敏感期分得很细,但实际上并没有支持的证据,多数能力的发育都有很长的一段敏感期。美国国家科学院(National Academy of Sciences)在2000年出版的关于儿童早期发展的书中,以神经元的突触当作依据,发现视觉、听觉能力,突触的高峰大约是出生后半年,但会持续修正,直到五岁左右,孩子的突触数目会和成年人接近。而与语言相关的突触数量的高峰约在出生后八个月,然后也是到大约五岁,会接近成年人的数目。相对的,高层次的认知能力,突触数量的高峰就来得比较晚,要到青春期左右才会和成年人的突触数目是接近的。

有区域发展的差异性

除了孩子大脑的发育有个体差异,**在同一个孩子身上,不同脑部区域的发育也有所差异**。感官能力(如视觉能力、听觉能力)的发育是最早完备的,这也不难理解,因为要能够处理感官信息,他们才有办法存活下来。基本上,越是与生存直接相关的能力，就越会比较早发育。此外，**除了先天内定的发育规律，环境的因素也会影响孩子的发育。**

像是前面提到过的，我们的大脑中有一块区域主要负责处理视觉信息，但是对于天生看不见的人来说，那块脑部区域可以做很多别的事情，比如，处理触觉、听觉有关的信息，这种改变很明显是后天学习到的，以弥补先天的不足。这就是后天因素对大脑发育的改变。

谈到这里，或许有人会问，既然大脑的发育存在着区域发展的差异性，那到底是左脑先发育，还是右脑先发育？

其实这不是值得纠结的问题。有一个科学团队就研究过一至三岁孩子的大脑，发现三岁以下的孩子，什么事情都不做的时候，右脑比左脑的活动要多；过了三岁之后，左脑就比右脑活跃一些。但是，后来的研究又表明左脑的发育是比较早的，所以这问题在科学界仍没有定论，家长如果还执着于要先刺激孩子哪部分脑的发育，恐怕也没有什么意义。

说到左、右脑，大家可能很快就想到，有些幼教机构就是在宣传这种差异性，要给孩子做右脑开发之类的。这源自过去很多人都听过的一个说法，左脑是管运算和逻辑思维的，而右脑是管艺术和创造力，然后说右脑比左脑容量大一万倍等。

这绝对是对脑科学的误解！

对于任何能力来说，或许有所谓侧重于左脑，或是侧重于右脑的状况，但是，侧重的意思并不表示只有左脑负责这个特定的能力，右脑就完全置身事外，通常**关键在于左脑与右脑启动的快慢。**

当我们说某项能力主要由左脑负责的时候，意思是左脑会优先启动与这项能力相关的机制。在多数的情形下,左右脑都会共同活动,来负责完成某项任务。

也就是说,"侧重"不意味着"完全掌控",多数情况下我们都是"全脑"型的人,做任何事情都需要左脑与右脑的协作;纵使某项能力的发育在早期侧重于左脑或是右脑,当我们在训练孩子的时候,也很难做到只训练左脑,或是只训练右脑。最重要的是,**要在对的时间给予大脑所需要的训练。**

另外一个相关的误解就是性别对大脑发展的影响。人们会认为女性左脑发展比较好,所以语言能力较好;男性则是数学能力好。实际上,男性跟女性在能力上的差异没有明显不同,脑部的发展也没有明显差异。附带一提,左脑、右脑到底哪一个和逻辑思维,哪一个和艺术、创造力关系更密切,也是没有定论的。

总的来说,**要促进孩子大脑的发育,除了了解先天的发育敏感期之外,就是多给予适当的刺激,并且在对的时间点给予刺激,才能发挥最大的效益。**以视觉发育为例,因为发育的敏感期是出生至六个月大,就该在这段时间多给予难度合理的视觉刺激,像是黑白对比的大方块,就能促进孩子视觉在脑部区域的发育。

不过要注意的是,这个"刺激"不是什么电击或是惊险的项目,而是**环境给孩子提供的学习机会**。例如一首歌,甚至一个音符,就是对听觉的刺激;一项运动,或是一个动作,就是对大脑中运动系统的刺激。

请大家千万要记得,大脑的发育有很大的个体差异性,所以要根据自己孩子的发育状况来做调整,不是看到书上说几个月大是什么能力发育的敏感期,就只针对那个能力去学习。书上所列的标准只是几千几万个孩子的平均水准,有的孩子可能会低于这个水准,有的可能会高于这个水准。你的孩子可能在某一方面表现不够平均水准，但是另一方面会远远高于平均水准，这些都是不一定的。我们一定要知道，每个孩子都是不一样的。

如何提升大脑运作效能

在前面我提到了大脑发育的特性，也强调要在对的时间给予孩子适当的刺激，对孩子大脑的发育最有帮助。而除了促进大脑发育之外，我们还能够通过一些做法，如多做练习和使用正确的策略等，来提升大脑运作的效能。

多做练习

熟能生巧可以说是一个优良传统了，这个办法对于提升大脑运作效能非常有效，原因是**重复练习可以强化神经元之间联结的形成**。我在第一章也提到过，学习的效果就体现在神经元之间形成联结，而这种联结越强，就能让大脑的运作更有效率。就好像要坐地铁去某个目的地一样，如果地铁路线有很多交点，你就不需要绕远路，而是可以通过换乘，快速抵达目的地。

但是多做练习并不表示要一直重复做同样的事情，那样做不仅没什么成效，而且容易使人厌倦，失去兴趣。正确的做法是：用不同的方式来重复学习同样的东西，以及分散练习。

1. 用不同的方式重复学习同样的东西

就拿学古诗来说，当我们要教孩子学一首古诗，不应反复让孩子背诵，然后强迫他认识诗中的字。我们可以先念诗给孩子听，或者让他朗读出来。因为大脑天生对节奏敏感，通过念诗的方式，诗的节奏感和韵律可以有效刺激孩子的大脑。此外，还可以用唱歌，或者打节拍、比动作的方式，让孩子熟悉古诗的节奏，帮助他记忆。背诗的时候，也可以用玩游戏或是给孩子出题的方式，让孩子在玩乐中自然学习。

等孩子大一些了，再去深入了解诗中的文字和领悟文字之美。这些做法都重复了孩子对古诗的认识，但是用了不同的媒介，一举多得。因为，一方面孩子对于古诗有了更多认识，而不是单纯机械式记忆；另一方面，孩子每次的学习都调动了许多感官，能够让他对学习诗歌更有兴趣。

2. 分散练习

所谓分散练习，就是把时间切割成区块来学习。因为孩子的专注力有限，长时间地练习，不仅容易疲劳，孩子在几分钟后也可能完全无法专注，根本无法达成预期的效果，而分散练习可收到比较好的学习成效。分散练习还有另外一个好处，是和记忆有关。把学习时间切割成好几块，这样每次学习都会在不同的情境中。就拿前面背诗的例子来说，在念诗环节拍着手打节拍，在唱诗的时候播放音乐，这些都是不同的情境信息，能给孩子不一样的刺激。以后你每次拍手或播放那首音乐，孩子就会想到当时念的那首诗。这其实是一个记忆策略，背后的原理会在后面有关记忆的章节中详细介绍。

分散练习和用不同的方式练习，原理都是类似的，都希望通过更多元的经验，来巩固学习的成效。

使用正确的策略

除了多做练习之外，另一个根本的做法就是**引导孩子使用正确的策略**，也就是说引导孩子该怎么学习，该怎么面对生活的各种状况。更通俗地讲，就是教孩子怎么做事情，例如怎么整理东西、怎么做行程规划、如何烹饪等。

其实我很理解爸爸妈妈们的想法，教孩子不是一件容易的事。很多时候，当我们已经太熟练一件事情，要教导别人去做这件事情时，往往会忽略一些小细节，造成别人没有办法学会。这是因为教导者和学习者之间的知识水平落差太大，导致了这样的状况。而作为成年人，我们和孩子的落差肯定更大，孩子对很多事情都还不理解或者没有办法理解，以至于要引导孩子做事情的时候，需要做很多解释。不过，**只要多从学习者（孩子）的出发点来思考，你就能够引导他学习正确的策略。**

举例来说，教孩子数数的时候，你有没有让他去数东西呢？

比如孩子眼前有很多苹果（如图3左），他会很自然地一个一个数，数错了又要从头来。这样的做法很容易犯错，而且相当没有效率。如果我们先把苹果排列好（如图3右），孩子在数有几颗苹果的时候，就记得住从哪儿开始，到

图3 图左是无序排列的，图右是有序排列的。当苹果排列整齐的时候，孩子数数不容易出错。

哪儿结束。只是这样一个小举动,就能够吸引孩子的注意力,而且符合他的记忆能力。

 心理学家爸爸之单元小任务

在这个单元中,介绍了大脑的发育特性,请你回想一下,回答下面的问题:

【是非题】

(　)1. 人类大脑只开发了10%。

(　)2. 孩子如果到青少年期才开始学习外语,就不能达到很高的熟练度了。

(　)3. 某些能力会侧重于用到左脑,或是侧重于用到右脑。

(　)4. 某些能力只会用到左脑,或是只会用到右脑。

(　)5. 熟能生巧的意思是要多做练习,只有一直重复做同样的事情才能学会。

(答案与说明请见附录206、207页)

第2部分

如何提升孩子的学习力？

学习会受到很多因素的影响，
在第2部分，
我要为大家介绍一些会影响学习的能力，
并且告诉你，
这些能力和学习有怎么样的关系。

第三章　知觉力：学习的触发器

我要先讲一个非常非常老的故事。相信很多人小时候都听过海伦·凯勒的故事吧。她在幼年时丧失了听觉、视觉，曾经一度在黑暗和寂静中生活。但是在她的老师莎莉文锲而不舍的努力下，她理解了外界刺激是有意义的。

这句话是什么意思呢？举例来说，在海伦·凯勒学习"water（水）"这个英文单词时，她的老师就把水滴滴在她的手上，然后在她手心写下"water（水）"的拼法，再教她利用双手感受别人说这个单词时的嘴型变化。通过莎莉文老师的细心引导，海伦·凯勒才终于知道，这些感受都是有意义的，它们共同指向同一个东西——水，而不是很随意且单纯的皮肤接触。

对于一般人来说，这种联结的过程比较简单，也更加微妙。你试想一下，假如我们的大脑不会整合这些外界刺激，你根本就没有办法把听到的水声、看到的一滴水，以及碰到水时凉凉的感觉联系在一起。这种**联合不同感觉，并形成自己感受的过程**，就是知觉。知觉让我们不再被动接受外界的刺激，也让我们的生活和生命有了意义。

知觉是什么？

从海伦·凯勒学习单词的例子，你会发现知觉对于学习似乎很重要。那知觉能力究竟是什么？

学术上定义知觉是"组织并解释外界客体和事件产生的感觉信息",这定义听起来很绕,其实从脑科学的角度来解释可能会更容易懂。这个概念可以拆成两部分来理解,第一部分是将外界的物理刺激转变为大脑(确切来说是脑细胞)的反应。比如,视觉细胞对光波有反应,我们就可以看到东西;听觉细胞对声波有反应,我们就会听到声音。这个部分也可以叫作"感觉",**感觉是知觉的基础。**

至于这个定义的第二部分,就是在说我们的大脑能够把这些反应组织起来,形成对于事物的一些理解,进而采取一些做法。举例来说,我们之所以看到红灯就会停下来,其实包含几个步骤:

(1)要知道红灯的位置;
(2)红灯的出现能够引起脑细胞的反应;
(3)我们知道红灯代表要停下来的意思;
(4)做了停下来的行为反应。

在这几个步骤中,哪些是感觉信息呢?比如说,红灯就是一种外界刺激,我们察觉到红灯出现就是一种感觉信息。而我们之所以停下来,是因为我们主动联结了相关知识,对于这个感觉信息有了自己的解读,这就是知觉。

对大多数的人来说,感觉过程是没有差异的,主要的差异来自知觉的部分。

再举个例子。几年前,有一张裙子的图在网上流传很广,第一眼看到这条裙子,有人说这是一条白色和金色的裙子,也有人说它明明是蓝色和黑色的。这就是一个很好的例子。图片带给我们的刺激是相同的,也就是说,这张图给我们的感觉信息并没有差异,但因为每个人后续的神经运作不同,所以对这条裙子的颜色做了不同的诠释。

即使是同年龄层的人，也会有不同的知觉运作，更何况是成年人和孩子之间的差异，但我们往往会不自知，还以为是孩子在找麻烦。比如你和孩子都看到那张图，你认为裙子是蓝黑色的，而孩子认为是白金色，这时候你就不要批评他了。

其实不光是在知觉部分，甚至在感觉层面，大人和孩子也会有很大差异。例如人类能够处理的声音，会随着年纪有很明显的变化，年纪越大的人，对于高频率声音的处理能力越差，也就是说基本上听不到高频率的声音。所以，下次孩子说某个地方很吵，不要急着数落他，因为很有可能那个噪声的频率是你听不到，但孩子可以听到的。

知觉与学习的关系

知觉是学习的根本

多数的人没有像海伦·凯勒一样的人生经历，所以很容易就会忽略知觉能力的重要性。但是若我们的大脑不会组织所有的感觉信息，也不会解读这些信息，你就无法把听到的水声、看到的水滴、读书时读到的"水"字和碰到水时凉凉的感觉联系起来，也就没有办法认识"水"这个东西。知觉处理在人类的心智运作中，扮演着非常重要的角色，因为我们**大脑要能够对外界的事物有反应，都依赖于知觉处理**。如果知觉出了状况，影响是非常深远的。

除了海伦·凯勒的例子之外，我再分享一个小女孩的故事，这个美国小女孩名叫派珀（Piper），当她的妈妈发现她到该会爬行的年纪还不会爬，就带着她

鼓励孩子多去探索、
多感知不同的事物，
才有机会领悟这个世界的美好。
哪怕在家中，
肯定都会有一些角落、一些东西，
是我们从来没有注意过的。
跟孩子一起探险吧!

到医院检查，结果发现她有先天性非常严重的远视。后来医生给派珀配了一副眼镜，她的妈妈也用影像记录了孩子第一次戴上眼镜的反应。当派珀发现周围的世界变得清晰，她终于看清楚眼前事物的时候，表情真的很开心。

这个例子可能还是有点极端，但是它说明了知觉对于孩子整个身心发育的影响。视力不好直接影响了小女孩动作的发展，没办法到处爬行的她，肯定会比其他孩子少接触到很多东西。如果派珀一直没有配眼镜，她会错失很多学习新东西的机会。所以说，知觉和学习有非常直接的关系。

知觉与学习效率

知觉对学习最直接的影响，就是掌管了信息是否能够被处理。有些人擅长处理影像，即使只是短暂看一眼，也能够马上获取周遭的视觉信息。我太太就是一个擅长处理影像的人，之前去旅行的时候，我拿手机上的图片给店员看，问她有没有这款刚推出的产品，店员摇摇头说没有。我本来已经放弃了，但太太要我把那张图片拿给她看，她看了一下之后，很快就在上百个产品中找到了我要的东西。

信息处理的效率是非常重要的，因为我们所处的环境充满各种信息，更糟糕的是里面有很多"噪声"。如果知觉系统不能帮我们**快速找出信息，排除"噪声"**，我们的学习就会大大受到影响。曾经有心理学家记录老师在阅读课本时眼球移动的轨迹，然后比较让学生自己自由阅读和跟着老师眼球移动的轨迹来阅读，结果发现：跟着老师眼球轨迹阅读的学生，对于课本有比较好的理解。

坊间也有一种速读法，他们的观点就是人类在阅读的时候，眼球要移动位置，虽然时间很短，但还是太浪费了。于是，他们就让所有的字出现在画面正中央，然后用很快的速度依序呈现文字。初步的结论也发现，用这种方式阅读会比较有效率，对于内容的理解也不会差。以上这些证据都说明，知觉对于我们处理信息有很大的影响，也会影响学习的成效。

另外，**知觉运作中将信息做分类以及阶层化的排列，也会影响到信息处理的效率**。就像在阅读书籍时，书中会有标题、子标题、斜体、条列式等不同的设计，这些都有助于提升信息处理的效率。虽然很多时候，这样的分类和排列都不是我们自己去做的，但是我们也要熟悉把信息组织起来的方式。

对于还没有组织的信息，如果我们能够用一些知觉属性来加以组织，像是依据"颜色""触感"或是"押韵"等属性，也能够大大提升学习的效率。对孩子来说，他们还不擅长组织信息，我们就可以用恰当的方法提升孩子的知觉能力，先从比较简单的信息开始做练习，知道要去组织信息，而不是直接开始做。

知觉与意义的学习

另一个知觉运作对于学习的影响，就是"意义的学习"，也就是要让信息变得有意义，或者说让各种感官信息变得有意思，可以被有效组织并利用起来。

让知识变得有意义，是学习过程中相当重要的一个环节，因为当知识没有意义的时候，学习者一方面会学得不好，甚至有可能只会被动地记忆或是模仿，另一方面会很容易放弃学习。

知觉运作是孩子最早发展的心智运作，本身就是一个反复给事物赋予意义的过程，多让孩子做知觉处理，对孩子的学习绝对是大有帮助。

孩子必须从反复的知觉回馈中去认识世界，就像孩子一般不知道冒烟的东西大多数是会烫手的，如果他没有办法给"冒烟"这样的知觉属性赋予意义，就有可能会让自己烫伤。我并不是建议家长让孩子去摸冒烟的炉子，这样太危险了，但是可以试着让孩子观察一锅水，从刚煮好会冒热气，到冷却后没有看到热气再冒出来，从这样的经验中去学习，给冒热气赋予意义。

冒烟只是其中一个例子，其他像是"闪烁的光线"，通常代表着警示、提醒；"巨大的声响"往往也有警示的意义，这些都是我们要让孩子学习的。还有我们讲话用不同的语调，多数时候是要表达不同的意图，像是"大声讲话"是有点生气、强势，若孩子能学会这些知觉属性的意义，对他们日常生活的人际互动也会很有帮助。

如何提升孩子的知觉力

在认识了知觉对孩子学习的影响之后，爸爸妈妈一定迫不及待想要知道怎么提升孩子的知觉力吧！在这一节，我会从两个关键点出发告诉你如何通过游戏来提升孩子的知觉力：（1）**为孩子提供多元的感官体验**；（2）**提供感官整合的机会**。

多元的感官体验

虽然我们常会觉得自己在生活中只依赖视觉，但事实上，不同的感官也都影响着我们，如果只依赖某些特定的感官，就会受到影响而不自知。

像是你可能走进一家餐厅，感觉浑身不舒服，很有可能是空气中弥漫着一股你不喜欢的气味，导致你受到影响。所以，若能够引导孩子善用自己各个感官，对于他们正确认识这个世界是很有帮助的。

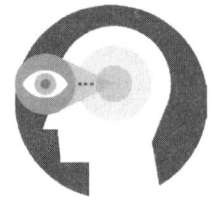

如何提升孩子的

知觉力

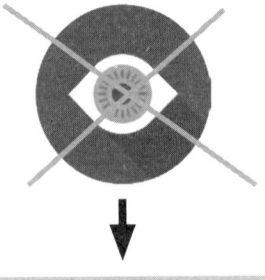

多元的感官体验

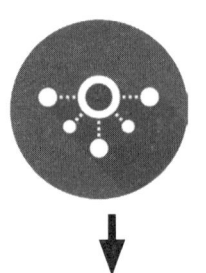

感官信息整合

不要只仰赖视觉

猜猜这是什么（40页）

找一样的东西（41页）

鼓励多去感受

静坐体验（46页）

玩偶生病了（47页）

多元探索

小侦探（43页）

探索达人（44页）

鼓励调动多感官

小小记录家（48页）

模仿大赛（50页）

知觉力学习树

1. 不要让孩子只依赖视觉

相较于其他感官能力（如触觉、味觉等）的发育，视觉其实是比较晚发育完备的一个能力，但是孩子受视觉的影响太大了，很容易就会逐渐倾向依赖视觉和外在的世界互动。

不过除了视觉，知觉力还包括听觉、触觉、嗅觉和味觉等。想要提升孩子的知觉力，强化学习的效果，你可以鼓励孩子多运用其他感官，探索对一件物品的多元感受，拥有多元的感官体验。

✅ **适合游戏：**

【猜猜这是什么】

把孩子的眼睛遮住，请他用听、摸、闻或者品尝的方式，猜一种东西是什么。（40页）

【找一样的东西】

指定一个物体，让孩子找出和它相似的东西，但不要局限于外形相似。（41页）

2. 同一个刺激多元探索

很多时候我们对一个东西的想象常局限于某个特定的属性。像是一般想到球，只会想到球是圆的，可以拿来拍，会滚动，很少去想球闻起来是什么味道，撞击到不同的表面，是否又会有不同的声响。

建议爸爸妈妈可以和孩子一起探索物品的不同属性，尤其是不太熟悉的感觉和物品的各种属性。以非典型的方式观察常见的物品，对于提升知觉力也很有帮助，慢慢孩子就会用更多元、有创意的方式来看待事物。

适合游戏：

【小侦探】

给孩子提供特定的感官线索，让他去寻找符合线索的东西。（43页）

【探索达人】

和孩子轮流说出一件东西的各种属性，看谁忘了发挥创意喔！（44页）

感官信息整合

首先我要声明，这部分不是要介绍所谓的感觉统合，因为感觉统合这个概念被滥用了，很多人根本是胡乱给活动套上感觉统合，然后大家就盲目相信了。市面上的感觉统合训练五花八门，有些强调感觉和动作之间的整合，有些则是强调不同方面感官信息的刺激。

但是感觉统合这个概念的提出者简·艾瑞丝（Jean Ayres）认为：感觉统合真正的关键在于整合体内与外在环境所造成的神经反应，让个体可以更有效率地和环境互动。所以，"感官信息整合"更能够表达原创者所定义的概念。

1. 鼓励孩子多去感受

现代人的生活节奏太快，很多时候孩子被爸妈催着做事情，往往没机会好好处理自己的感受。如果孩子都是照着别人说的去做，没有整合自己的感受，长远来看是会出问题的。不少孩子长大了，或是成年了，会有些讲不出来的困境，很多都跟没办法处理自己的感受有关系,所以从小培养孩子认识自己的身体感受,是非常重要的。

 适合游戏:

【静坐体验】

打坐,引导孩子关注内心的感受。(46页)

【玩偶生病了】

和孩子玩过家家游戏,并且在游戏中引导他回想生病和健康的不同感受。(47页)

2. 鼓励孩子用多种感官去探索

除了传统的五感(视觉、听觉、嗅觉、味觉、触觉)之外,知觉力还包括平衡感与感知身体不同部位位置和关系的本体感觉,以及跟内脏活动有关的机体觉(指对身体内部状态的感受,比如饿、累、痛等)。

因此,我要提醒各位爸爸妈妈,要鼓励孩子在探索的时候,多用各种感官去感受,特别是五感以外的感受,让所有的感官都兴奋起来。

 适合游戏:

【小小记录家】

鼓励孩子用画笔画出自己的感受。(48页)

【模仿大赛】

和孩子一起模仿动物的动作,关注模仿时身体的感受。(50页)

知觉力游戏①【猜猜这是什么】

随时随地都能玩,玩法简单,特别适合在吃饭前进行。

准备材料:能带给孩子特殊感受的东西,比如,蒸蛋、柠檬片、香蕉等

锻炼能力:视觉、听觉、嗅觉、味觉、触觉,注意力,语言表达

难易度:●○○

这个游戏玩法很简单,把孩子的眼睛遮住,拿出准备好的东西,让孩子用听、摸、闻或者品尝的方式,猜猜那是什么东西。

在吃饭前进行时,你可以准备一些能带来特殊五官感受的东西,比如,软软的蒸蛋、酸味的小柠檬片、刺鼻的洋葱,还有各种水果……让孩子闭上眼睛,给他一小匙食物,请他猜猜那是什么。过程中,记得多鼓励孩子描述自己的感受:

"闻一闻,这东西是香香的,还是很难闻?"

"舔一舔,它是什么感觉,是软软的吗?"

"尝一尝,吃起来是什么滋味呢?"

如果孩子还太小,不太会说话,没办法用口语表达,可以在孩子探索一阵子之后,让孩子睁开眼,给他几样东西,猜刚刚尝的东西是哪一个,这样他的知觉力和语言表达能力都会得到提高。你也可以跟孩子一起玩,看看谁能够先猜出是什么东西,增加孩子玩这个游戏的兴致。

另外,这个游戏有个"副作用",它能让孩子品尝自己不爱吃的东西。如果你的孩子平常不爱吃红萝卜,你可以在他闭眼时,让他闻一闻,尝一口,说不定

他就喜欢上了呢。

当然，这个猜一猜的游戏不是只有饭前可以玩，它随时随地都能进行。比如在公园玩耍时，让孩子闭上眼睛，猜猜身边的声音。

你可以问问他："宝宝，仔细听，你听到了什么？"

他可能会说："有'哗哗哗'的声音，是身后的小河在流动；有'啾啾，啾啾'的声音，是天上的小鸟在唱歌；有'哈哈哈'的声音，是比我还小的小孩在开心地笑；还有'呼呼呼呼'的声音，是有风吹过。"

然后你再让他睁眼验证一下，看他猜得对不对。常常像这样玩耍，未来孩子对和谐的自然声会更加敏感。

知觉游戏②【找一样的东西】

随时随地都能玩，可随孩子的成长，调整游戏难度。

准备材料：任何东西，比如草莓、菠萝等水果

锻炼能力：视觉、听觉、嗅觉、味觉、触觉，灵活思维

难易度：●●○

先找一个家中的物品，然后请孩子找出跟它摸起来类似，或是闻起来、发出的声音类似的东西。孩子找到后，再请他找跟第二个有类似属性的物品。

像我会拿一串钥匙给孩子，先问他钥匙摸起来是什么触感，闻起来有什么味道，看起来又有什么特性，接着才请他找家里有哪些东西和钥匙的属性是一样的。如果担心孩子一开始会比较没有头绪，也可以准备好几个物品，两两之间有

共同属性的，让孩子比较容易找到类似的东西。比如各种不同的蔬菜、水果，都是很好的入门道具。

要注意，如果孩子说的是视觉上相似的东西，你可以提醒他再找找其他感觉上相似的物品。也就是说，假设你给孩子一个苹果，他找到一枚苹果贴纸，你可以对他说："真棒，它们的形状是一样的！不过你还能不能找到一些东西，虽然和苹果长得不像，但摸起来的感觉或散发出的味道，又或者入口的滋味和苹果很像呢？"

有一次我跟老二玩这个游戏，我先指定了家中的一个物体——一个棉花糖，然后对老二说："你能找到和棉花糖很像的东西吗？尝起来类似、摸起来类似，或者闻起来类似都可以喔！"

老二说："草莓像棉花糖，都是甜甜的。"

我说："没错。那什么东西有点像草莓呢？"

老二说：（手指着桌上的菠萝）"菠萝！它们身上都有点点，香香的。"

你看，他一下子就说出了草莓和菠萝两种相似的物体。

这个游戏特别适合父母下班后陪孩子玩耍。只要你指出最开始的一样东西，孩子会一个接一个地找下去，也许你喊停他都停不下来。这对孩子的思维灵活性和记忆力是很好的训练。

[变化] 交给骰子来出题　难易度：●●●

如果孩子大一点，可以准备骰子，上面贴上感官名称（视觉、听觉、嗅觉、味觉、触觉以及自由选择），孩子丢骰子，丢到哪个感官，就要去找一个和指定物品在某个特定感官属性上类似的东西。这个游戏还可以增加很多不同的变化，例如可以要求摸起来类似，但是发出的声音不一样，等等，对孩子来说是很好的训练。

知觉力游戏③【小侦探】

随时随地都能玩，创造刺激丰富的环境，让孩子尽情探索。

准备材料：任何东西，比如小玩偶、文具、球类等

锻炼能力：视觉、听觉、嗅觉、味觉、触觉，创造

难易度：●●○

给孩子特定的感官线索（像是摸起来黏黏的），并且准备一些物品（橡皮筋、铁尺、抹布等）让孩子探索，请孩子找出符合这个属性的东西（在这个情境下，孩子要选择橡皮筋）。

一开始提供的感官线索可以比较常见。比如，让孩子去找摸起来毛茸茸的东西，孩子可能会从玩具箱里拿起一只米菲兔。当孩子掌握游戏规则后，你就可以发挥创造力把难度提高，给孩子描述一些他不熟悉的感官线索，比如，摇晃时会有声音（如铃铛等）；用手压下去会觉得黏黏的（如面团、饺子肉馅、水彩颜料等）。

[进阶] 多感官线索和混淆物　难易度：●●○

如果孩子比较熟悉游戏了，可以尝试一次给超过一个线索，并且准备一些

易混淆的物品（就是符合其中一个线索的物品）增加游戏的乐趣。比如，线索是"圆圆的，扔在地上会发出砰的一声"，然后给孩子各种球类玩具来选，备选答案有乒乓球、矿泉水瓶、气球、网球。

正确的答案是"网球"。如果孩子的答案是乒乓球，你可以引导他想想看，"乒乓球扔在地上是什么声音？声音大吗？是清脆的，还是沉闷的？"

注意哦，如果你的宝宝年龄还小，这些备选答案都需要是实物，实际呈现在孩子身边，让他能真正地去感受。宝宝答对了以后，你可以给他一个抱抱，或者用大拇指在他的额头上盖个章。

假如你家孩子已经具备一定的抽象思维能力，你可以直接告诉他备选答案，或者画出来，让他回想这些物品带来的各种感受。如果孩子答对了，你可以给他加10分，看看孩子一共能加多少分。

最后要提醒的是，这个游戏有一个风险，当孩子对各种物体的属性越来越了解后，也可能会反过来给你出题，准备接招吧！

知觉力游戏④【探索达人】

随时随地都能玩，最适合用来打发琐碎的时间。

准备材料：任何东西，比如玩具、路边的大树等

锻炼能力：视觉、听觉、嗅觉、味觉、触觉，创造

难易度：●○○

准备一个东西，跟孩子轮流说出这个东西的属性，只要不说同样的就可以，

轮到的时候，谁说不出来就输了。

我很喜欢跟老大、老二玩这个游戏。我们会随便拿出一样玩具，比如老大用造型黏土捏的蜗牛，从老二开始，轮流说出它的属性。

一开始两个孩子抢着说："它是蓝色的""冰冰的""触角尖尖的""摸起来滑滑的"……不过没多久他们就说想不出来了。这时候我会给兄弟俩一些提示，问他们："蜗牛和其他东西碰撞会有什么声音呢？"

他们就会拿蜗牛到处敲敲打打。敲完玻璃杯，告诉我是"叮叮叮"；敲完纸盒子，说是"咚咚咚"的声音。老二还跑过来告诉我，把蜗牛放到水里，"嘭"的一声，然后就沉下去了。

这个游戏最适合用来打发琐碎的时间了。比如排队买票时，看孩子等得无聊，我就会对他们说："我们来看看身边的大树，它有什么特点？"

他们俩就会马上开始探索，树有多粗、多高，摸一摸刺手的树皮，闻一闻叶子的香味。在孩子全面观察后，我再告诉他们，这是什么树。他们下次再见到这种树，往往会一眼认出来。这种学习效果，比直接把树的名字告诉他们要好得多。

想要增加游戏的趣味性，你还可以引导孩子体验一些比较复杂、有创意的属性。例如，石头和石头摩擦几次，闻起来会有臭鸡蛋的味道；敲金属锅盖后，用手按住锅盖面，声音会立刻停止……

像这样引导几次后，你就会听到孩子说出各种五花八门的感受，他们在游戏过程中学会了用更细致、更有创意的方式来看待事物。由此可见，这种游戏除了提升孩子的知觉力，也培养了孩子的创造力。

知觉力游戏⑤【静坐体验】

适合在家里进行，静坐冥想好处多，几乎对所有心智能力都有益。

准备材料：选择一个安静的环境

锻炼能力：身体感受，注意力

难易度：●●●

静坐或是冥想，是现在很流行的体验活动，也是相当适合孩子的一项活动。脑神经科学的研究发现，静坐、冥想几乎对所有的心智活动有益，例如会让人更专注、记忆力变好、幸福感提升、更有创造力，当然也会提升孩子的知觉力。

你可能会说，我家孩子就喜欢折腾，坐三分钟都静不下来，更别提冥想了！

其实引导孩子静坐是需要一点技巧的，可以先从闭上眼，帮助孩子从关注自己的呼吸开始做起。选择一个安静的环境，关掉电脑和电视，对孩子说："像我一样，放松地坐下来。现在我们来感受自己的呼吸，跟着我的指令，1是吸气，2是呼气。"

一开始，你可以按正常的呼吸速度发指令；渐渐地，放慢指令的速度，让孩子的呼吸更悠长。然后问问孩子，感觉自己的呼吸有什么不一样。

另一种方法是关注身体部位。

静坐时，你可以提醒孩子关注自己身体各个部位的感觉。比如用手抚摸孩子，轻声问他："小腿有没有觉得很放松？"同时抚摸一下他的小腿肚，再往上移动后继续问："双肩是放松的，还是僵硬的？"提醒孩子肩膀自然下垂。

总之，就是要让孩子能够多关注自己的身体变化。

知觉力游戏⑥【玩偶生病了】

在家里进行,可加深孩子对身体感受的理解。

准备材料:孩子喜欢的玩偶

锻炼能力:机体觉,同理心,问题解决

难易度:●●○

准备一个孩子喜欢的玩偶,跟他说这个玩偶生病了,并且对孩子描述这个玩偶的不同感受。然后问他是否有过同样的感受。也请孩子想想看,可以用什么方法来帮助玩偶。孩子若想出一些方法,要让他知道,玩偶因为有他的帮忙,某个部位的不舒服获得改善。等到玩偶没有不舒服之后,还可以再问孩子,如果现在玩偶在做一些事情的时候,会有什么样的感受。

像我有一次跟老二玩这个游戏时,我对他说:"这只小兔子生病了,你猜它现在是什么感觉呢?"

老二说:"想喝水。"

我说:"对,它的嗓子干干的,像冒火一样。"

老二说:"它不能玩游戏了。"

我问:"那你能用什么方法帮帮它呢?"

老二说:"给它喝水。"

我问(先帮小兔子描述感觉):"喝完水后,小兔子的嗓子很湿润,不过它的额头还是烫烫的,该怎么办呢?"

就这样老二想了好多办法，比如，给小兔子打针，把湿毛巾放在它头上，给小兔子喂青菜……我代兔子对他表示感谢，最后告诉老二，小兔子康复啦，可以跟他一起玩耍了。

孩子通过回想自己生病时的感受，推测小兔子生病的感受，对机体觉有了更好的理解，同时也提升了他的同理心。帮助小兔子恢复健康，也是孩子尝试解决问题的过程。一个游戏锻炼孩子多种能力。

[延伸]让感受可以具象化　难易度：●●○

除了用玩偶之外，这个游戏也可以用积木，或是用画图的方式和孩子互动，目的是要让感受具象化，让孩子更容易接收到感受的变化。

知觉力游戏⑦【小小记录家】

在家里进行，文字、绘画或图片，记录形式不限。

准备材料：笔、纸，帮助孩子理解身体感觉的图片（如冷、热、痛、晕、困等）

锻炼能力：平衡感和机体觉，精细动作

难易度：●●◐

请孩子记录自己或是爸爸妈妈在不同情境下的感受，例如刚运动完，可能是"肌肉酸痛，肚子有点饿，不过心情很愉快"。

孩子如果还没办法一次记下那么多信息，爸爸妈妈可以帮他多准备一些表达感受的图片，比如痛、晕、困等，以及一些描述情绪的图片，让孩子用选择图片的方式做记录，并鼓励他多记录不同感官的感受。

你也可以在跟孩子玩游戏以后，问他感觉怎么样，引导他把感受画出来。有段时间老二很喜欢玩"老鹰捉小鸡"，玩过以后，我就会问他："感觉怎么样？"有时候他会说"真开心"，然后要求接着玩。这时他只描述了情绪感受，没有说出自己的身体感受。

我接着问他："我刚刚听到你肚子咕咕叫了，你的小肚子是什么感受呢？"

他会告诉我肚子有点饿，这就是对机体觉的描述。我就让他把"饿"的感觉画出来。他画了一个小人，肚子上画了好多圆圈。

有一次，老二很开心地追着老大跑，跑了一圈又一圈，突然一屁股坐在地上哭了起来。我抱起他，问他为什么哭。老二委屈地跟我说他"太累了"。

我说："是不是觉得腿很累，跑不快了？"

老二说："追不上哥哥了。"

我说："你跑太久，身体很累，就跑不快了。你现在是不是觉得腿酸疼，嘴巴干干的，身体流了很多汗？遇到这种情况，就是身体在提醒你，要喝水休息一会儿啦。"

老二点点头。我鼓励他把当时的感受画出来。他画了一个喷火的小人，头上有很多点点表示汗水，腿上还画了乱七八糟的圆圈。

画完后，我在旁边写上"跑累的老二"。孩子往往是灵魂画手，如果没有文字辅助，过一阵子再看这幅抽象画，可能就完全忘记当时发生了什么。写上字后，这张图片就成了一张感受卡片。

下次你再和孩子回顾这种感受，拿出《跑累的老二》问他还记不记得"累"

是什么感觉的时候，可以指着喷火的嘴巴、头上的汗水和画着圆圈的腿提示他。这些都是对身体状态的描述。不断地记录后，孩子对身体的感受会理解得越来越好。

知觉力游戏⑧【模仿大赛】

在家里进行，跟孩子比谁是"大模王"。

准备材料：绘本、动画或生活中能动起来的东西，比如，小动物、倒水的茶台

锻炼能力：平衡感和机体觉，想象，粗大动作

难易度：●●○

请孩子模仿有动作的物品，重点不是模仿一个静态的东西，而是要加入动作感觉。在模仿的过程中，若孩子不太确定该怎么做，爸爸妈妈可以适时引导。

玩"模仿大赛"可以从简单的动物开始。儿歌是引导孩子进入游戏的好方式，比如《两只小象》：

两只小象河边走，

扬起鼻子钩一钩，

就像两个好朋友，

见面握握手。

一开始，你和孩子弯着腰，一手捏着鼻子，另一只手臂从肘弯穿过，放到脑袋下面模仿大象的长鼻子，分别从房间两边向中间走。脚步声咚咚咚，像小象一样慢慢走，等走到一起时，互相扬起手臂握手，假装在碰鼻子打招呼。在这个过程中，孩子会体会到和直立走路不同的感觉。

除了模仿动物，还能模拟物品动起来的样子，例如鸣笛的茶壶，这个游戏可以在烧水的时候玩（但是玩的时候应注意安全，避免被热水烫伤）。

一边烧水，一边让孩子观察水烧开的瞬间：茶壶会发出"哔哔"的鸣笛声，同时冒出白色的热气。这时模仿就可以开始了——你和孩子比一比，谁的鸣笛声更高，学得更像。这是听觉上的模仿。

更好玩的是，还能模仿茶壶倒水的样子。爸爸妈妈先做示范，一只手叉腰，像水壶的握把一样，另一只手伸长当作壶嘴，弯腰假装在倒水。你们可以比比看，谁的腰弯得更厉害，保持平衡的时间更长，让孩子体验平衡感和身体的感觉。

在这个过程中，如果能听一首童谣《我是一个小茶壶》（*I'm A Little Teapot*）就更好了。跟着音乐节奏扮演，孩子会更有兴趣。

心理学家爸爸之单元小任务

在这个单元中,介绍了几个可以提升孩子知觉力的游戏。请选择其中一个游戏和孩子进行互动,并用表格记录过程(例如孩子对于问题的回答、任务的执行情况,或是你的感想等)。

【单选题】以下对孩子知觉力发展的描述,何者正确?(　　)

A. 对婴儿来说,多数的能力都在同一时间发育。

B. "耳听为虚,眼见为实",要多让孩子只通过"看"来学习。

C. 要鼓励孩子多探索一件东西在不同层面的属性或特点。

(表格范例、答案与说明请见附录207页)

第四章 注意力：保持长时间高效学习的利器

从孩子很小的时候开始，很多家长就会发觉孩子注意力的问题。我常常听到爸爸妈妈抱怨说：

"孩子容易分心，大部分玩具都没玩几下，就又去玩别的。"

"孩子读绘本读到一半就不看了。"

"老师说孩子上课总是动来动去。"

"孩子很容易被人打扰，专注力很差，平时在家写作业就是一边写一边玩。"

最神奇的是，孩子看动画片、玩手机、听故事的时候，倒是都非常专心，能一两个小时一动不动。爸爸妈妈对于注意力这个问题如此关注，主要是担心孩子注意力不好会影响学习。

确实，注意力对学习有很大的影响，英国有一项大规模的追踪研究也发现，在七岁的时候，注意力比较好的孩子，到了中学，学业成就会比较好。因此，我在这一章要跟大家分享，怎么提升孩子的注意力，让孩子能够长时间高效学习。

注意力是什么？

我们或许都知道注意力很重要，但是注意力到底是什么呢？其实我们对注意力的理解，都是片面的，根据美国知名心理学家迈克尔·波斯纳（Michael Posner）的理论，他把注意力分为三种类型：**警觉力**、**注意力的转移能力**，以及

孩子的大脑是故意要分心的,
这样才不会错过任何可能的好东西。

像是孩子可能贪玩,什么都想玩,
我们可以帮孩子稍做筛选,
让他一次专心玩一个,玩完再玩下一个。

解决冲突的能力。以下分别说明：

警觉力

警觉就是**能够迅速察觉周遭环境快速的改变**，例如走在路上能及时察觉有车朝着自己冲过来，就是有足够的警觉力。如果不够警觉，就很有可能被车撞上。我自己不是一个警觉力特别好的人，或应该说对于环境的改变，我都有一丝丝的察觉，只是往往选择不理会，结果就会发生一点小插曲。

举例来说，前一阵子去家具卖场买东西，因为自己要去仓储区取货，清单上只标明要到哪一排的哪一个位置取货，我印象中每个位置只有一款商品，我拿了东西就直接去结账，没有仔细比对货号是否正确。结果师傅要来组装时，才发现那个东西买错了，我买到的是小号的。

在这个例子中，我因为赶着结账，没有仔细比对，只好多跑一趟。除了买错之外，有时候商家没有公布正确的优惠信息，或是你拿错商品，都有可能造成财务上的损失。如果你在付钱时保持警觉，就能够避免类似的事情发生。

注意力的转移能力

顾名思义，大家应该知道这是在说什么了，就是会把注意的焦点转移，要**能够把注意力移到该注意的事物上**。另外，注意力转移关注的不仅是要把注意力放在该注意的事物上，也关注是否在对的时间点把注意力放在那些事物上。

注意力的转移若出了问题，也是很恼人的。现代人走在路上时，常常会忍不住看手机，没有注意路况，不小心撞到路人、撞到电线杆的都大有人在。因为人们离不开手机，在德国一些街头的路口，除了有红绿灯之外，地面也会设置不同颜色的灯，就是专门为这些低头族设计的。

解决冲突的能力

冲突的排解就是要**解决个体所面临的冲突**，像是你在上班的时候，有想要刷社交网站的冲动，而这个冲动和专心上班形成了冲突。如果冲突解决的能力够好，你会知道什么时候该做什么事情，而不会一旦开始刷社交网站，就完全忘了时间、忘了工作，最后被老板发现。

冲突的解决能力，也是我们发现在孩子身上最容易缺失的注意力，不论是孩子上课走神儿，或是在家做事情拖拖拉拉，都是冲突的解决能力出了状况。其实这不能完全责备孩子，因为要能够解决冲突，需要依赖大脑中一块叫作"前额叶"的区域，而大脑的前额叶在孩子出生后持续发育，要到了成年期才会发育完全。

所以在前额叶还没发育完全的情况下，你要接受孩子是很容易受到干扰的。但是作为家长可以想办法帮他减少干扰，引导他可以怎么做，以避免受到影响。一味地责备孩子，对孩子是没有帮助的。

注意力对学习的影响

大家通常都会觉得注意力对学习有很大的影响，不过具体有什么影响，可能又说不清楚。所以我要告诉大家，注意力对学习的影响真的非常大，有很多研究发现，不少患有注意力缺陷多动症的孩子，同时也会有某种类型的学习障碍，例如阅读障碍等。

为什么两者之间会有关系呢？根据研究推论，这是因为学习能力和注意力都与执行功能有关。"执行功能"是一个比较大的概念，是指我们对思想和行动进行有意识控制的心理过程，包括做计划、决策、判断和自我监控等，就像大脑中的交通警察。如果执行功能受损，就会影响孩子的注意力以及学习。在前面一节我们也提到，注意力有种类型叫作"解决冲突的能力"，和执行功能有非常密切的关系，接下来我们就围绕冲突的解决和学习的关系来做讨论。

注意力影响学习的效率

有注意力缺陷多动症的孩子，学习上很容易遇上困难，但这并不表示在没有注意力缺陷多动症的孩子身上，注意力对他们的学习就没有影响。注意力很直接地影响学习效率，当孩子没办法集中注意力，就会花更多时间学习，学习成效也会比较差。

心理学研究屡屡发现，人们同时做两件事情，效率就会变差，因为我们的注意力系统本来就不是被"设计"来同时处理很多事情的。就以一边开车一边打电话为例，过去人们以为边开车边打电话时，是因为有一只手需要拿着手机，所以会增加事故发生概率。但后来的研究发现，开车打电话主要的影响，并不是在于要腾出手拿手机，而是需要花心思进行对话。

当孩子一边学习一边玩，就是同时在做两件事情，效率肯定不好。除非某些事情的运作已经非常自动化了，否则同时做两件事情，效果一定大打折扣。但是很少有事情真的可以完全自动化，不耗费注意力资源。像是很多人会在工作时听音乐，虽然多数的人都不觉得这会影响自己的工作效率，但实际上是会的。

不过，心理学研究也告诉我们，人们并不是在最集中注意力的状态下，才有最好的表现。因为过度集中注意力反而容易让人紧绷，而且在某件事情上过度集中注意力，会容易忽略潜在需要注意的地方。虽然我们常说，极度放松在多数情形下是不好的，但是当你没有一个特定目标，极度放松会让你的注意力很分散，察觉到环境中很多事物，因此有时会有意想不到的发现。所以，**要在刚刚好的注意力状态下，才会有最好的表现。**

注意力影响学习的品质

注意力除了影响学习的效率之外，更重要的是会影响学习的品质。所谓学习的品质，指的就是大脑对于学习的东西有怎么样的处理，以及可以跟既有知识做多少的联结。高品质的学习，是对于学习内容进行有深度的处理，并且能够联结本来已经学会的知识。简单来说，就是学得比较透彻。

那么，注意力是怎么影响学习品质的呢？

首先，当我们能够把注意力长时间地停留在一个物品上，我们的大脑就有可能更加了解这个东西，对于它的印象更深。这个也很符合我们的经验。例如我们看一件衣服时，匆匆一眼，只能注意到衣服的颜色、款式，仔细研究才会注意到衣服的细节，比如面料、车线等。

我们在学习的时候，要注意的细节也有很多，如果只是匆匆一瞥或是短时间扫过去，往往就会错过或者没办法记住很多重要的信息。台湾几年前有一场空难，就是因为飞行员飞行之前没有仔细（或是没有足够的时间）检查复杂的仪表盘，结果在飞机一个引擎坏掉后，下意识地把另一个好的引擎也关掉，而酿成了一场悲剧。

另外，我们越投入的时候，越能够把要学习的新事物跟旧有的知识衔接起来。像是在学习一个新的生字时，孩子若很投入，可能就会想知道，这个字是不是那个他曾经听过的同音字。建立联结对于学习来说是很重要的，因为这可以巩固孩子的知识，而且也利于孩子记忆。

如何提升孩子的
注意力控制水平

对的时间，注意对的东西　　　训练收放自如

听妈妈讲故事（61页）　　　手指小推车（70页）
数字迷宫（64页）　　　　　趣味跳圈（71页）
扑克牌排顺序（67页）　　　气球大作战（73页）

注意力学习树

如何提升孩子的注意力

要提升孩子的注意力控制水平，有两个最重要的原则：（1）**要在对的时间，注意该注意的东西**；（2）**要训练孩子注意力收放自如，除了练习专注，也要练习放松**。针对这两个原则，后面我会介绍几个相关的小游戏，帮助大家理解。

在对的时间，注意该注意的东西

注意力的三种运用类型——警觉、注意力的转移和冲突的解决，虽然是不同的运作机制，但其实都和"在对的时间，注意该注意的东西"有关。因此，后面所介绍的几款游戏，都会以这个概念作为出发点，建议爸爸妈妈们可以根据孩子的能力，选择不同的游戏来玩。

 适合游戏：

【听妈妈讲故事】

在妈妈讲故事时，孩子边听边拿出故事中提到的物品。两岁以上适用。（61页）

【数字迷宫】

自制表格让孩子按规律找数字，只要孩子认得数字就可以玩。（64页）

【扑克牌排顺序】

打乱扑克牌的顺序，让孩子按同一种花色排序。五岁以上适用。（67页）

训练注意力的收放自如

前面提到，注意力并不是在最集中的时候就会最好，长时间集中注意力容易造成疲惫。所以，除了练习专注，也要练习放松，要引导孩子可以收放自如，让他们知道需要稍微休息的时候，怎么做会比较好。

✅ **适合游戏：**

【手指小推车】

画出玩具车行驶的轨道，孩子需要让车走在轨道内，直到开进停车场。三岁以上适用。（70页）

【趣味跳圈】

另一种版本的跳房子，给孩子设立游戏休息区。四岁以上适用。（71页）

【气球大作战】

和孩子玩抛接气球、寻找放气后的气球与模仿气球游戏。只要孩子能吹气球就可以玩。（73页）

注意力游戏①【听妈妈讲故事】

在家里进行，善用孩子喜欢听故事的天性。

准备材料：孩子熟悉的物品，包含类别相同但外形不同的东西，比如不同的水果

锻炼能力：注意力的转移，听力的辨别

难易度：●●○

这个游戏主要锻炼孩子注意力的转移能力，让孩子在听故事的过程中，选择特定的物品。

听妈妈讲故事

弟弟有没有认真听故事,反应快不快,看影片就知道!

首先,在桌上准备好三到五件孩子熟悉的物品,例如水杯、帽子、毛绒玩具等,然后再找一篇篇幅较短的小故事,或者你也可以即兴创作,自己编一个故事,故事里要涵盖准备的物品。

对孩子说:"妈妈给你讲个故事,当我在故事中说到桌上这些东西时,你就马上把我说到的东西举起来。"然后妈妈就可以开始讲故事了,看看孩子能不能快速举起对应的物品。例如:"今天天气很好,小青蛙一家要出去玩,妈妈给小青蛙带上小水杯……"当提到"水杯"时,看孩子是否会快速举起面前的水杯。

刚开始和孩子进行这个游戏时,当提到某一物品名称,例如"水杯",你可以放慢速度或用表情暗示,帮助孩子熟悉游戏。

[进阶] 增加物品数量或干扰　难易度:●●○

随着游戏的进行,你可以逐渐增加物品的数量,连续提到多个物品名称,或是加入几个干扰物品,让游戏更具挑战性。这些干扰物品可能和故事中的物品类别相同,但是外形不同。比如故事中提到了红苹果,你还可以准备一个青苹果。

我家老二小时候很爱玩这个游戏,每次都要我连着讲好几个故事。有一次,我先悄悄准备好了一个故事,提前在地上放了一些东西:橘子、玩具熊、一个有荷叶图案的鼠标垫、打印出来的红花图案和一张蓝花的图案。然后把老二叫来,对他说:"今天我们来玩'听爸爸讲故事'的游戏。你是小青蛙。小青蛙,你来看看,地上的这些物品,你认识吗?"我一个个拿起来问老二,确定他能识别这些东西。接着就和他约定规则:"一会儿你会听到一只小青蛙旅游的故事。你是小青蛙,不过你必须按照故事里说的那样去旅行。当故事中提到一样东西时,如果地上有这个东西,你要以最快的速度拿起来喔!"

然后我就开始讲故事了。

"今天天气很好,小青蛙要出去玩耍。他带上了最爱吃的橘子。"说到这里,我顿了一下,见老二没有反应,又重复了一遍:"他带上了最爱吃的橘子。"在说到"橘子"时还刻意拖长音。

老二反应过来了,马上把橘子举得高高的。

"他往大熊的方向走呀走,突然他遇到了一条河……"我看向地上,老二马上就拿起玩具熊。

"他跳上了绿色的荷叶,遇上了一朵蓝色的花。"

老二越来越专注了,飞快举起了荷叶鼠标垫,还从红色、蓝色两种不同颜色的花朵图案中选对了蓝色的花。

就这样,我继续讲故事。

有时候发现老二觉得无聊了,我会故意说一件不存在的东西。比如,我会说:"小青蛙遇上了一只蝴蝶。"然后眼睛看着地上,示意老二去找。

老二一开始会上当,认真地找蝴蝶,后来就会大声反驳我:"没有蝴蝶!"

你看,喜欢听故事是孩子的天性。在这个游戏中,通过听故事并对指定词语做出反应,选出特定属性的物品,既可以锻炼孩子注意力,增强听力的辨别能力,促进语言发展,还能让他认识形状、颜色,一举多得。

不过,孩子现在注意力集中的时间还比较短,指望他马上达到长时间的专注是不现实的。当你发现孩子没兴趣时,你就可以给故事收尾了。好了,现在开始构思你的第一个故事吧!

注意力游戏②【数字迷宫】

在家里进行,方寸之间,数字、形状、图形迷宫任意变换。

准备材料:纸、笔、尺

锻炼能力:警觉和注意力的转移,思维灵活性,数学

难易度:●●○

数字迷宫

准备一张A4纸，第一步是制作卡片，用尺和笔在白纸上画4×4的表格，每个方格大小一样；第二步是填写数字，在格子内随机填上阿拉伯数字1~16，也就是说表格里的数字排列没有规律；第三步就是指读数字，让孩子用手指按1~16的顺序，依次指出数字位置，同时读出数字。当孩子完成时，记得要表扬他一下，进一步增强他的自信心。

通过按顺序指读数字的游戏，能提高孩子注意力水平。你可以根据孩子认识数字的多少，灵活调整难易

我家弟弟玩迷宫真有一套！大家快扫码进来跟着玩吧。

度。比如孩子只认识数字1~10，就在表格里随机填上数字1~10，可以重复写，也可以用不同颜色的笔来写，然后在指读数字的时候，同时说出颜色（例如"红色的5"）。

[变化] 把数字替换成各种形状　难易度：●●○

如果你的孩子对数字不感兴趣，你还可以和他玩形状迷宫。

还是画4×4的表格，在格子中随意填上圆形"○"、正方形"□"、三角形"△"和五角星"☆"。不过同样形状的图形，在不同格子里会有数量变化，分别是1~4个。也就是说，比如，有1个格子里是1个圆形，还有3个格子各填了2个圆形、3个圆形和4个圆形。正方形、三角形和五角星也是一样。

孩子的任务是从少到多指出其中的某一种图形。例如，请孩子按照数量从少到多的规则指出圆形，也就是说，他需要依次找到有1个圆形、2个圆形、3个圆形、4个圆形的格子。你们也可以画两个一样的迷宫，一起来找，看看谁找得又快又准。

[进阶] 随意设定格内图形数量　难易度：●●●

如果觉得这样的游戏对孩子来说太简单了，你还可以继续增加游戏难度。再画一个4×4的表格，格子中画4种图形，每种图形有4种数量的变化。不同的是，每种图形的数量可以随意变化。拿圆形举例，圆形的数量可以是2、3、5、6个，孩子还是需要按照数量从少到多的规则，依次找到包含2、3、5、6个圆形的格子。

你可以根据孩子的计数能力随意设定图形的数量，较大的数字有9、10等。数量越相近，孩子数起来难度越大。

依此类推，你还可以把圆形换成表情或小动物等。

随着孩子注意力控制水平的提升，表格也可以越来越大，从16个格子变成25个格子。在这个过程中，孩子需要快速找到一种图形，以锻炼他的警觉能力；同时他需要根据目标，不停地转移注意力，思维灵活性也得到了提升。

注意，如果图形数量太多，玩一会儿记得休息一下，保护孩子的视力。

注意力游戏③【扑克牌排顺序】

在家里或是公园空地上进行，可因训练重点不同而变化做法。

准备材料：扑克牌，或者优诺牌（UNO）①

锻炼能力：警觉、注意力的转移和冲突的解决，灵活思维

难易度：●●●

用扑克牌训练孩子的注意力控制水平，你需要准备至少两种不同花色的卡，然后打乱卡牌的顺序，散在桌面，就可以和孩子玩"扑克牌排顺序"了。

这个游戏有很多玩法，在玩之前，你要带孩子认识一下扑克牌的A、J、Q、K，知道它们代表数字1、11、12、13，接着游戏正式开始。

孩子要做的事情，就是从A依序找出其他数字，例如：从黑桃A开始，接着找黑桃2，一直找到黑桃K。

[做法一] 警觉力的训练　难易度：●●●

如果你选的卡牌花色都是红色的（红心或方块），或者都是黑色的（黑桃或

---

① 一种类似扑克牌的游戏卡牌，有不同颜色、数字的卡，还有一些功能卡。

扑克牌排顺序

梅花），对孩子的警觉力是很好的训练，因为这些卡牌的外形比较相似，需要多花一点时间来区分。

倘若孩子警觉力特别好，还可以混着两副不同设计的扑克牌，分别挑出黑桃花色的牌，当作排序使用的卡牌，这样孩子就不能单纯靠花色区分，还必须要仔细观察，到底是哪一张卡牌和手中的卡牌来自同一副牌。

弟弟这张牌拿对了吗？答案就在影片里面喔！

[做法二] 转移注意力的训练　难易度：●●●

如果卡牌是随机摆放的，对于孩子转移注意力是很好的训练，因为孩子必须认真搜寻下一张卡牌在哪儿。若是跟学龄前孩子玩这个游戏，不要把下一张卡牌排在太远的位置，让他们先熟悉顺序的概念，再逐步调整难度。

倘若孩子注意力转移的能力比较差，就可以故意把花色相近、数字相同的卡牌放在很远的位置，让孩子多花点时间来找卡牌。

[做法三] 解决冲突的训练　难易度：●●●

要训练孩子解决冲突的能力有两个做法：

第一，加入一些无关的卡牌。

例如，使用红心和黑桃两种卡牌排序时，加入几张方块、梅花的卡牌，如此一来，孩子在找寻卡牌的时候，就需要排除这两类无关卡牌的干扰。

第二，要求孩子跳着排序。

例如，按照1、3、5、7的顺序排列，或是用2、4、6、8去排。一般来说，我们查数都会有惯性，会很容易拿到不该拿的卡牌。

和孩子玩"扑克牌排顺序"时，可以根据孩子的计数能力调整卡牌数量。对于比较小的孩子，你就可以减少牌的数量，比如，每次只让孩子从1找到7，降低游戏的难度。或者你也可以把扑克牌换成优诺牌，抽出其中的功能牌后，优诺牌数字也更少，颜色差异更明显。

注意力游戏④【手指小推车】

在家里或是安全的公园进行,人体小车也行得通。

准备材料:玩具车或孩子喜欢的小玩偶,画笔或是积木

锻炼能力:专注和放松,精细动作,粗大动作

难易度:●●○

手指小推车

要训练孩子的注意力收放自如,"手指小推车"这个游戏非常适合。因为玩的时候孩子需要集中注意力让车在轨道上行驶,到了"休息区"才可以放松,可以随意驾驶。

道具只需要一辆玩具车。当然,没有玩具车也没关系,可以用孩子喜欢的小玩偶代替,让孩子推着玩偶沿着线行走。

玩法很简单,事先根据玩具车的宽度,在纸上画宽窄不同的轨道,也就是在纸上画不同粗细的线。细线代表窄的轨道,可以让小车子刚好通过(假设小车子宽度只有四厘米,那么最细的线条就刚好是四厘米宽);宽的轨道更宽些,你可以用粗线设置成能容下两辆玩具车通过的宽度。

若家中有不同粗细的积木,也可以用积木充当轨道。例如把方形积木连起来作为轨道,让小车走在积木上。你还可以用积木的宽窄来调节难度,积木越窄,孩子越需要集中注意力。记得要在轨道的一端画一个大车站或者停车场,作为休息区。接下来你就可以跟孩子说:"你要把车子推到停车场,不过在路上不可以驶出轨道,否则就要重新开始。"

这时候孩子需要小心翼翼地推车,特别是在窄的轨道上,而这对于他的注意

力和精细动作能力来说都是很好的挑战。

到了停车场,你可以再跟孩子说:"宝宝真棒,车安全到站啦!停车场很大,车可以自由活动了。"然后和他击掌,这时孩子就是放松的状态,可以随意驾驶车辆。

[延伸] 人体小车车　难易度:●●○

这个游戏有很多种玩法,前面介绍的主要锻炼孩子的手眼协调能力,如果想同时锻炼孩子的粗大动作技能,你和孩子可以自己当小推车。若看到地上有直线,就比赛沿着一条线走;或者地上有不同颜色的地砖,你可以规定只能踩一种颜色的地砖。同样的,记得规划出一片休息区,当孩子走到休息区时,他就可以自由活动了。

从这个延伸玩法,你会发现,锻炼注意力的游戏可以和孩子的精细动作、粗大动作结合,一举多得,快和孩子玩起来吧!

注意力游戏⑤【趣味跳圈】

只要有块平坦的地面,室内室外都可以进行。

准备材料:彩色胶带、粉笔、可水洗颜料(三选一)

锻炼能力:专注和放松,粗大动作

难易度:●●○

趣味跳圈

你可以用彩色胶带、粉笔或是可水洗的颜料,在地上贴出或者画出五个圆圈,每个圆圈中间留出能双脚站立的空间。五个圈围在一起，如同五个花瓣围着花蕊。

这五个圆圈代表不同含义。其中一个重要的圆圈是"休息区"，或者叫"游乐园"，上面画一朵云，孩子跳进来后，可随意做动作或休息。另外四个圆圈则是"专注区"，分别用胶带贴上数字1、2、3、4。然后让孩子站在五个圆圈的中间，由你负责喊指令。

基本玩法是，当你随机喊出1~4其中一个数字，孩子听到数字后，双脚跳入对应的数字圈中，再立刻跳回原位。也就是说，你喊"1"，孩子就要跳进写着"1"的圆圈里，然后再跳回五个圆圈的中间。

[进阶] 把指令换成数字的组合　难易度：●●○

你还可以随机喊出连续几个数字，例如"1、3、1、4"，孩子就必须按数字依次跳圆圈，跳入"1"，跳回中心，之后跳入"3"，再跳回中心……像这样连续的指令对于孩子的注意力和记忆力来说都是不小的挑战，孩子得迅速做出反应，跳入对应圆圈。这不仅锻炼了孩子的注意力，还能够增强孩子的动作协调性和灵敏度。

[变化] 把数字圈换成多色的圆圈　难易度：●●○

你也可以将数字指令换成其他指令，例如，用彩色粉笔在地上画出各种颜色（红、黄、蓝、白）的圆圈，让孩子按指令跳入不同颜色的圆圈。

要提醒的是，如果孩子在你发出指令前，从圆圈中间跳入了"游乐园"，他可以休息一分钟。在这段时间内，你不能发出任何指令，直到孩子重新跳进圆圈中间。这个"游乐园"的设定，让孩子在疲劳或不感兴趣的时候学会放松，也可以让游戏持续更久。

另外,还记得小时候玩的跳房子吗?你可以把跳圈变成跳房子,在"房子"的每一格都标上数字,然后在"房子"顶端设立一个"游乐园"。孩子在扔沙包或跳到特定格子的时候,他需要集中注意力,而跳到"房子"的顶端时,他可以在游乐园里活动活动手脚,为往回跳做准备。这也是"趣味跳圈"的另一种变化。

注意力游戏⑥【气球大作战】

在家里进行,轻飘飘的气球,锻炼项目真不少。

准备材料:气球两个

锻炼能力:注意力的转移、冲突的解决和警觉,大运动,专注和放松

难易度:●●○

只要准备一两个气球,上面画上眼睛、嘴巴,就可以用来训练孩子的注意力,包括注意力的转移、冲突的解决,以及警觉能力。

[做法一] 注意力的转移练习　难易度:●●○

一开始,你可以只用一个气球和孩子玩抛接气球的游戏。玩法很简单,你先把气球抛给孩子,孩子需要集中注意力,接住气球,然后回抛给你。

如果发现这样对孩子来说太容易,可以玩两个气球比赛的游戏。玩法是你和孩子各拿一个气球,互相抛给对方,同时要接住对方的气球。

在这个过程中，孩子先要向你抛球，立刻又要把注意力收回到你抛给他的气球上，对孩子的注意力是个小考验。所以，你可以用计分来鼓励孩子，接住对方气球的人得一分，最后统计得分最多的人就是赢家。

[做法二] 冲突的解决练习　难易度：●●○

同样是你给孩子抛球，他接住后抛给你。不过，在你们抛球的同时，需要喊出用什么部位接球，比如用手、脑袋或小肚皮接球。如此一来，孩子需要抑制自己用手接球的冲动，难度增加了，游戏也变得更有意思。

这个游戏中有个小技巧：当你让孩子用头接球时，可以把球抛得高一些；如果指定孩子用肚皮接球，可以和孩子保持一定的距离，直直地把气球往孩子的肚皮方向扔。

[做法三] 警觉能力的练习　难易度：●●○

想要用气球锻炼孩子的警觉能力，让他能很快察觉周遭环境快速的改变，你可以快速给气球放气，气流会把气球反推到另一个地方，孩子需要立刻判断气球飞去了哪里，并找出气球。这种玩法很简单，而且孩子最喜欢气球放气的时候了，多重复几次吧！

要提醒的是，玩"气球大作战"需要给孩子准备品质好的气球，充气量也要少一点，以免被孩子捏破。同时，一定要避免孩子不小心把气球吞下去。在安全的前提下玩耍，气球虽小，能锻炼的能力真不少。

[延伸] 模仿气球：把注意力控制具象化　难易度：●●○

这个模仿气球的延伸游戏，是让孩子练习专注和放松。玩法是拿一个画了眼睛和嘴巴的气球，然后跟孩子说："如果爸爸现在开始把气球吹大，你就要专心地想一件事情，气球越大要越专心；如果气球泄气了，你就可以稍微放松一些。"

通过这样的方式，能够协助引导孩子把注意力控制具象化，日后当你需要孩子集中注意力的时候，也可以提醒他"现在想象有一个充很多气的气球"，就能让孩子知道，现在自己该专心一点。

心理学家爸爸之单元小任务

在这个单元中，介绍了几个可以提升孩子注意力的游戏。请选择其中一个游戏和孩子进行互动，并用表格记录过程（例如孩子对于任务的执行情况，或是你的感想等）。

【是非题】

（　）1. 注意力等于专注力。

（　）2. 对于婴儿来说，注意力还会受到视觉发展的限制。

（　）3. 孩子在专心做事情的时候，尽量不要打断他们。

（　）4. 家长可以多跟着孩子一起做事情，延长他们专注的时间。

（　）5. 对于大多数人来说，警觉、注意力的转移和冲突解决的能力可以都很好。

（表格范例、答案见208页）

第五章 记忆力：为什么孩子能记住动画细节，却记不住课本知识

孩子在学习的过程中，需要通过记忆吸收知识，同时我们也用记忆来检验学习的成果。就拿背唐诗来说，我曾经听过一个妈妈抱怨，她的孩子在三岁左右就可以背十多首诗，认识五十个汉字，但是她近来发现，孩子最开始会背的唐诗很多都忘记了，背不出来。这位妈妈有点担心，觉得孩子没有认真学，不然就是记忆力不好。

真的是这样吗？其实不是。

> 能不能记住一个东西，和能力的关系不大，但是和记忆的特性有关。

在这一章里，我要跟大家介绍大脑的记忆规律，还有一些记忆的策略，帮助大家了解要怎么通过记忆来提升孩子的学习成效。

记忆是什么？

首先，先来探究一下记忆是什么。我们通常都会注意到，有的东西我们很快就会忘记，有的东西却能够一直记住，久久不忘。科学上也根据信息保存时间的长短把记忆分为**感觉记忆**（或瞬时记忆）、**短时记忆**（或工作记忆）、**长时记忆**。三种记忆环环相扣，也体现了一个记忆的过程。

感觉记忆

感觉记忆是利用感官系统（视觉、听觉、触觉等）短暂保存信息，一般认为感觉记忆的内容容量非常大，但是能够被保存的时间很短暂，只能保存**几秒钟**。**只有那些被我们注意到的信息，才会被大脑真正"抓住"**，暂时储存在下一步"短时记忆"里。

就比如你在听歌时，突然听到一首非常好听的歌，你很快就记住旋律。在这个时候，这段旋律被你注意到了，可以进入你的短时记忆里。而其他音乐就没有进入这一步，所以在你完全没有意识的情况下，这些信息就已经消失在你的大脑里了。除了听觉之外，视觉等其他感官系统，也是有感觉记忆的。

短时记忆

短时记忆可以理解为感觉记忆的下一步，能够将信息保存几分钟。如果信息没有转为长时记忆，不久后就又会被遗忘。

相较于感觉记忆，短时记忆的容量是有限制的。一般来说，普通人的大脑只能同时处理四个信息组块。

什么叫信息组块呢？以下结合两个生活场景来说明：

- 很多人都遇到过这种情况：别人给你报手机号码，如果只说一次，你仔细听了还是记不住。
- 你明明出门前还想着要带手机、钥匙、钱包、书和水壶，结果出门了才发现自己忘记拿水壶。

在第一个场景里，手机号码每个数字就是一个信息组块；而在第二个场景里，手机、钥匙、钱包、书、水壶，每样物品也都是一个信息组块。

我们或许没有办法给孩子一块"记忆面包",

让他们吃下去之后,就把知识牢记。

但是我们可以引导孩子,

把知识融会贯通,成为自己记忆的一部分。

普通人的大脑只能同时处理四个信息组块，一旦组块数量超过四个，我们就很难记住。而孩子因为大脑发育不成熟，他的短时记忆容量就更有限了，要到青少年期才能慢慢发展到成年人的记忆水平。

所以，我们平常说自己或孩子记性差、丢三落四、数学不好、阅读理解不好等，其实都是在说短时记忆的问题。当你面对一连串数字都记不太清楚，却要求孩子马上记住一首古诗，或者其他大量的信息，显然是苛求他了。

长时记忆

第三种记忆类型叫长时记忆，也就是我们通常理解的记忆。不同于前面提的两种记忆，这种记忆将信息**不只保存几分钟，而是有可能长期保存**。长时记忆保存信息时间长，而且也可能没有容量限制。你或许会问：长时记忆这么厉害，为什么我们没办法记下所有的事情呢？

有一个原因就是信息量太大，我们还没有处理完，信息就已经不存在了。就像前面说的，虽然我们感觉记忆的容量很大，但如果没有注意到这些感官信息，那么这些信息就"稍纵即逝"了。

此外，信息量太大时，我们其实根本来不及记下。就像第一次要背下化学元素周期表，或是历史事件发生的顺序，我们通常无法记下太多，就是因为信息量太大。

第二个原因跟记忆的本质有关，**因为记忆是用网络方式保存的，如果我们要记下的事情相似度高，就会容易记错，把事情搞混。**

什么意思呢？我先说记忆是如何用网络的方式保存的。就是大脑会对不同的信息进行分类和组织，就像这张思维导图（图4），当我们需要记忆新的知识点，例如"消防车"，大脑就会试图把这个新知识嵌入以前的知识网中。

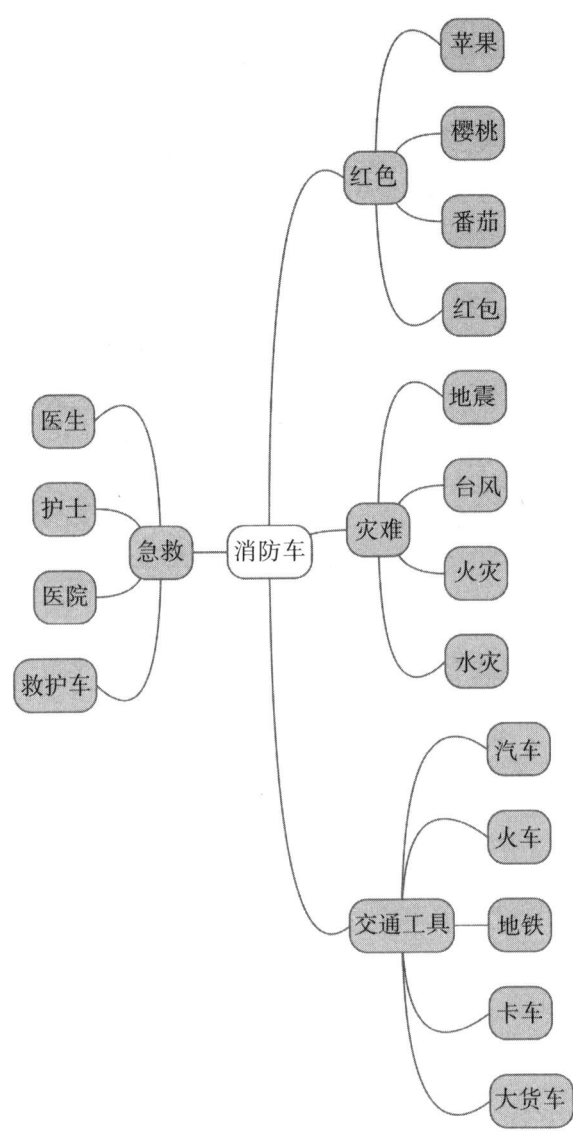

图4 大脑处理信息的方式是呈网状的,会依据不同的属性把信息分类。以"消防车"为例,就可能依外观颜色、不同功能等属性进行分类,形成一个网状结构。

比如，我带我家老大去公园，就会跟他介绍植物的名字，"这是玫瑰""这是杨树"等。但是有的花连我都分不清楚，像蔷薇和玫瑰，因为它们长得太像，在我的记忆网络里都把它们混到一起了。而对于孩子来说，他们的经验比我们大人还少，所以不太会分类，记东西的时候就非常容易出错。比如柳树和杨树经常被放在一起说，孩子就很难分清它们的关系，很容易记错。

记忆与学习的关系

记忆和学习之间的关系是很有趣的，因为学习会影响记忆，记忆又会决定学习的成效。有时候两者甚至很难区分，所以这里切入的观点不是记忆怎么去提升学习，而是探究两者怎么相辅相成。

记忆与学习的过程

首先要介绍的是记忆和学习的过程。科学家认为，记忆的过程总体上可以分为三个步骤：**编码**、**保存**和**提取**。这个过程中的任何一环出现问题，都有可能造成记忆储存失败，或者使用记忆失败。此外，这个过程也可以理解为是一个学习、记住，然后再利用的过程。以下同样用我带孩子去公园的例子，帮大家理解这个过程。

1. 编码：把感知到的信息变成大脑可以理解的信息

我家老大小时候，有一次我带他去公园，他第一次看到橘子树，树干、树叶和树上结满橘子的样子，这些视觉信息马上就被孩子注意到了。因为老大从来没有见过橘子树，这些信息因为得到了他的注意，就进入了他的大脑里。

这其实就是记忆的第一步，叫作"编码"。当我们遇到来自外界的新信息时，各种感知系统会处理和加工这些信息，并且转化为我们大脑可以理解的信号。

有的时候，记忆在编码这个环节就会遇到困难。孩子的注意力专注时间本来就短，如果老大没有注意到这棵橘子树，而是对旁边的小池塘感兴趣，那不管我怎么拉着他，跟他讲橘子树，他也只会心不在焉地听，根本没让这些信息进入大脑，也就没办法形成关于橘子树的记忆。

这也解释了为什么老师不喜欢上课时有学生在下面讲话，因为**分心的时候，信息就无法进入大脑，也就是没办法被"编码"**，学习品质就变差了。速度太快或是太慢的教学，对于学习也是不好的，因为进度太快，学生会来不及吸收，如果进度太慢，学生则会容易走神儿。

2. 保存：大脑把资料存进记忆网络

过了一段时间，我们一起去爷爷奶奶家，老大看到爷爷奶奶家里有一棵橘子树，他马上就想起之前在公园看到的橘子和橘子树的样子，一下子就把旧知识和新信息联系起来了。

这就是记忆的第二步，叫作"保存"。就像前面提到的，我们的大脑以网络的结构来保存信息，通过它在新知识和旧知识之间建立联系，把新信息放进了已有的知识框架里，所以我们已经掌握的相关知识越多，对新信息的记忆就会越牢。

3. 提取：把存过的记忆拿出来用

等到下一次，在其他地方看到橘子树，孩子就可以认出它。这就是第三步，叫作记忆的"提取"，也就是把相关的信息从记忆里提取出来。如果能够成功提取记忆,其实也就说明这个信息存入了我们的长时记忆里,被我们"记住了、学会了"。

记忆是需要提取的。有时候我们想不起某件事情,可能是提取环节出现了困难。提取记忆的过程会受到各种因素干扰,像我之前提到柳树和杨树的例子一样,当我们需要记住太多彼此很相似的东西时,这些记忆就会相互干扰,我们就很可能会记错。

通过了解记忆和学习的过程,爸爸妈妈就会知道,当孩子说"学不会、记不住"的时候,可以从记忆的三个步骤来分析:有可能是孩子没办法对信息进行编码,让信息进入大脑;还有可能是事后需要提取这个信息时,出现了问题。

好了,介绍完记忆和学习的过程,接着我要再来详细谈谈,记忆的特性是如何影响学习成效的。

记忆的特性与学习

违反记忆特性的学习,成效通常不好,死记硬背就是一个很好的例子。若我们能够了解记忆的特性,就能打造最适合自己的学习方案,取得最好的学习成效。

1. 记忆通过建立网络来运作

前一节已多次提到记忆是通过建立网络来运作的。记忆网络这个东西,除了帮助保存信息,也有帮助信息提取的作用。

举例来说,我家老大在认识橘子树之后,过了几周,我们又看到橘子树,但这次上面没有结小橘子。当时我问他:"上次见过的这个树,叫什么?"

老大看着树却回答不上来,这可能就是信息被保存了,但没被顺利提取出来。于是我给他一个提示:"你记不记得,上次在爷爷奶奶家,我们也看到了这种树。当时妈妈摘了一片树叶给你闻了一下,有水果味……"听我这么一提示,老大就想起来了,还顺便记起了第一次看到橘子树的地方。

像老大这样,一时想不出答案的情况其实很常见,给个线索就很容易想起来。所以说,信息的提取也会受到记忆网络的影响,记忆网络越缜密,我们越有机会成功回忆,效率也会比较高。

总而言之,**记忆网络对学习来说是很重要的,要有好的学习成效,就是要尽可能把新学习的信息和既有的记忆网络做联结**。这样能够有效保存信息,对于未来需要做记忆提取的时候,也是有帮助的。

2. 通过多种形态保存

记忆的另一个特性,就是会用不同的形态来保存,如果我们要让学习有好的成效,就应该用不同的方式来学习同一件事情。其原因和记忆网络也有关系,**用不同形态的方式来学习,就会在提取时,可以有不同的提取线索。**

比如,有些企业为了要让消费者记下自己的品牌,在广告中会加入一些朗朗上口的歌曲,只要多看几次,这首歌和品牌就会烙印在脑海中。再比如,为了鼓励女性去做宫颈检查,推出了"6分钟护一生"的宣传语,除了文字之外,还搭配了一个食指与拇指圈起,其他三指并拢,形似数字"6"的手势,目的也是为了强化记忆。

如前面所提,我们大脑的运作,常会让我们把相似的概念混在一起,容易发生记忆提取的错误。但如果用不同的形态学习,创造一些额外的提取线索,则有助于减少这类事情发生的机会。此外,抽象的概念也是很容易记错,而要解决这个问题有两种方法:

（1）把抽象的概念变得比较具体一些。

（2）加入一些提取线索。

我先讲怎么把抽象的概念变具体。最好的做法就是**用一个例子来做比喻**，这个例子最好是容易理解的，否则会适得其反。

像是爸爸妈妈在教小孩子学加法时，要怎么把加法这个抽象的概念变得具体呢？一个很简单又有效的做法，就是**用动作来演示**，例如把两堆积木集中为一堆，做完后告诉孩子，这样就是加的意思。像这样具象化的教学方式，能够帮助孩子理解数学和数字。

至于加入额外的提取线索，则是另一个常用的方法。

有个对我来说非常受用的做法，是我在美国念小学的时候，一位代课老师教的。她那天要教我们区分东、西、南、北，就说："你们只要记住'我们'，就知道哪边是东，哪边是西了。因为西（west）的第一个字母是W，东（east）的第一个字母是E，而'我们'（we）这个单词左边是W，所以左边就是西，右边是E，就是东。"

即便到了现在，有时候我搞不清楚东、西方位，就会想到这位老师讲过的话。而我知道，很多家长朋友是记"上北下南左西右东"，这种**利用口诀的办法**，其实和我的做法一样，都是加入了额外的提取线索。

3. 深度处理的信息记得更牢

最后一个我要介绍的特性就是处理程度，**学习时越能够深度处理的信息，就记得越好。**

孩子一般对自己感兴趣的事物有比较好的记忆，就是因为他对于这些信息做了比较深层的处理。像是我家老大对电视动画片如数家珍，但是对于汉字的写法就没那么好的记性，就是因为他处理信息的程度不同。

深度处理之所以会让我们记得比较牢固，原因也跟记忆的网络机制有关，因为深度处理，意味着这个信息更容易和已有的知识进行关联，从而更容易被记住。

学习方式对记忆的助益

学习和记忆绝对是互相关联的两个过程，**在学习的过程中孩子在记忆，在记忆的过程中孩子也在学习。**在这里我还想强调的一点是，对于孩子来说，要保持长时间的专注是困难的，所以应尽量把学习过程分散化，也就是把时间切割成区块来学习。我在第二章就提到这个"多做练习"或者"分散学习"的方法，它之所以好用，是因为让孩子在每次学习中都积累了一些情境的提取线索，有助于记忆的提取。

大家还记得怎么教孩子学一首古诗吗？

当我们教孩子学古诗的时候，在念诗的环节，你拍着手打节拍，在唱诗的时候播放音乐，这些都是不同的情境信息，能给孩子不一样的刺激。以后你每次拍手或播放那首歌，孩子就会想到当时念的那首诗。

如何提升孩子的记忆力

通过前两节的介绍，我相信各位爸爸妈妈已经发现了很多记忆的策略。但是，孩子的记忆和大人的记忆还是有些不一样的。

这句话怎么说呢？孩子的记忆运作有其优势与劣势，优势就是他们脑子中能够记下的信息比较少，提取会比较容易；劣势则是他们的记忆运作策略不佳，需要大人额外的引导。

所以，谈到如何提升孩子的记忆力，我接着要跟大家分享两个原则：（1）**要让孩子乐在其中**；（2）**要帮孩子建立记忆策略**。只要将这两个原则套用到策略中，你也能够协助孩子轻松记下需要记忆的信息。

让孩子乐在其中

这个原则，就是鼓励爸爸妈妈把记忆游戏化和生活化，只有调动了孩子的积极性，让他对知识感兴趣，并且尝到"甜头"，感受到"记得"的好处，才能实现高效记忆。未来不论是针对学科学习，或是其他内容的学习，孩子都会有比较好的表现。

 适合游戏：

【文字接龙】

上个词或上一句话的最后一个字，是下个词或句子的第一个字，就这样接力下去。（90页）

【字牌】

把一些字按偏旁分成不同的部分混在一起，再按规则组成完整的字。（92页）

【汉字刮刮乐】

纸上写几组同音字，在正确答案后画圈，先用覆盖膜封住，或拿卡片把圈遮住，只有刮掉膜或移开卡片才能看到答案。（93页）

【生活中学古诗】

在生活中教孩子理解古诗。（95页）

如何提升孩子的
记忆力

让孩子乐在其中

文字接龙（90页）
字牌（92页）
汉字刮刮乐（93页）
生活中学古诗（95页）

建立记忆策略

分类记忆（96页）
找朋友（98页）
还需要什么（99页）
照片里是谁（101页）

记忆力学习树

帮孩子建立记忆策略

第二个原则，就是按照记忆的编码、保存和提取的规律来制订策略。无论你用了什么策略，帮助孩子成功学习后，都可以跟他讲一讲这个策略，引导孩子也去发现记忆策略的优势，以后他遇到任何需要记忆的信息，就会自觉地使用策略来提高学习成效。

孩子一般不太会用聪明的方法记东西，至少一开始不会用。但是，孩子的学习能力强，爸爸妈妈可以掌握孩子这样的特性，多介绍一些记忆的策略，让孩子选择最适合自己的。不过如果只是口头说，这种抽象的引导，他们也很难吸收，所以最好是让孩子在游戏中体验不同记忆策略的好处，在玩乐中学到记忆的策略。

☑ **适合游戏：**

【分类记忆】

给孩子看不同类别的图片，教孩子分类记忆的策略。（96页）

【找朋友】

给孩子一个线索，比如一个苹果，让孩子联想它的同类。（98页）

【还需要什么】

引导孩子根据已有的经验，回想在特定生活情境中需要的东西。（99页）

【照片里是谁】

跟孩子一起翻相簿，回忆过去的事情。（101页）

以上所介绍的不是神奇的快速记忆法，**学习从来都没有捷径。**只有脚踏实地，积累更多的知识，并且按照记忆的规律来学习，才能真正让知识"化为己有"。

　　最后我要跟大家强调的是，这些记忆策略都不应单独使用，而是要在生活实践中，多种策略一起运用。研究发现，会同时用更多记忆策略的孩子，记忆力就会更好。如果你发现孩子还没开始有意识地使用记忆策略，不妨多鼓励孩子养成这样的好习惯。

记忆力游戏①【文字接龙】
随时随地都能玩，用提取的方式帮助孩子记字。

准备材料：什么都不需要

锻炼能力：记忆的提取，语言表达，识字

难易度：●●○

　　每次我想要让老大记得字是怎么写、怎么用的，就会跟他玩"文字接龙"。我们先从语词开始，玩**"词语接龙"**的游戏。

　　比如我讲了"科学"这个词，老大就要接以"学"为首的一个词，像是"学校"；接下来以"校"为首组词，例如"校园"，依此类推，只要不说出重复的词语就过关。但如果你是要训练孩子识别字形，可以要求他一定要接同一个字，而不能用同音字，也就是说"学校"后面不能接"笑容"。

　　游戏过程中，偶尔还能听到孩子蹦出四字成语。有一次和老二玩，我说

"白马",我以为他会说"马上",没想到他接的是"马到成功",让我觉得特别惊喜。

[变化]练造句:把语词变成句子　难易度:●●○

除了接词,爸爸妈妈还可以跟孩子玩"句子接龙"。我看到过一位妈妈和孩子在等车时玩这个游戏:

"今天是晴天。"妈妈先用这句起头。

接下来孩子需要以"天"开始造句。

"天上掉热狗。"

孩子可能饿了,随口接了这么一句,逗笑了周围一群人。

[变化二]记英语单词:接相同韵脚的英文单词　难易度:●●○

如果你的孩子开始英语启蒙了,也可以跟他玩"英文单词接龙"的游戏,轮流说相同韵脚的词。比如你说"cat",孩子说"foot"或者"eight",这样轮下去,直到都说不出来新单词为止。

这些游戏随时可以玩,在此过程中孩子需要不停地回忆自己认识的单词,还要记得有哪些已经说过了,对孩子的记忆力是个考验,同时也锻炼了孩子的语言表达能力。

记忆力游戏②【字牌】

在家里进行，以提取和编码强化孩子的汉字学习。

准备材料：在白纸上写一些常见字，按部首剪成不同的部分

锻炼能力：记忆信息的编码和提取，识字

难易度：●●○

字牌

玩这个游戏，必须要提前准备好一些带偏旁部首的常见字，例如"好""快""红""星"等，还可以加入孩子的名字。然后把它们分隔为不同的部分，写在不同的小卡片上，比如"好"拆分为"女"和"子"，"红"分为"纟"和"工"。

为了让游戏顺利进行，可以再多准备一些同样部首的字，比如"江""河""湖""海"。这样我们手上就会有一堆卡片，上面有各种部首和字的组成部分。接下来你可以像玩扑克牌一样，先"洗牌"，把卡片堆成一堆，背面朝上（不摸牌是看不到卡片的）。

接着"字牌"游戏就开始了。

游戏规则是：每个人轮流摸四张卡片，只有把卡片组合为一个字时，才可以把牌丢出去。比如，卡片"女"和"子"可以同时丢出去，因为它们可以组成一个"好"字；当然，如果一张卡片本身就是字，比如卡片"女"，也可以直接丢出去。

不过，剩下的卡片若是不能组成字，出牌的人必须重新摸两张牌，直到把手中的牌都丢出去。最先出完手上卡片的人就获胜了。

如果孩子第一次摸到的是"女""子""古""月",经过认真思考的话,他会发现这四张卡片正好可以组成两个字——"好"和"胡",可以分两次丢出去,赢的可能性就很大了。

但是,万一孩子拿到的卡片是"子""氵""纟""工",这四张卡片无法正好组成两个字。孩子就只能先扔出"子",第二轮扔出"纟"和"工"组成的"红",第三轮因为卡片只剩一张"氵",只能再摸两张牌。如果拿到"可"和"女",那就太幸运了!"氵"和"可"可以组成"河","女"本身就是一个独立的字,两轮就可以扔完了。不过如果又摸到两张偏旁,还是不能组成字,孩子就得继续摸牌了。

在游戏过程中,你也可以有意识地提醒孩子,很多字都是由不同的部件构成,以后写字的时候,可以留意它是由哪几个部分构成,这样字会记得更牢。也就是说,这种方式会促使孩子把字的结构记下来;而这种意识,对儿童识别字词、学习生字,以及阅读发展,具有重要的作用。

记忆力游戏③【汉字刮刮乐】

在家里进行,让孩子自己开奖、对答案超好玩。

准备材料:纸、笔,覆盖膜或卡片、贴纸

锻炼能力:信息的编码与提取,识字

难易度:●●○

汉字刮刮乐

前面提到的两个游戏,虽然都能够提升孩子的记忆力,不过对有些孩子来说，可能缺乏挑战性。再分享我最近常跟老大玩的一个游戏，这个游戏叫"汉字刮刮乐"，就像买刮刮乐一样，刮了就马上知道结果，非常刺激。

我家老大经常写错字，针对这个问题，我就发明了这个游戏：在纸上写下几组同音字，每组同音字中，只有一个是正确的。比如其中一组是"打扮"和"打伴"。"打扮"是正确的，另一个"打伴"的"伴"，是"伙伴"的"伴"。我在正确答案"打扮"旁边画个圈，用覆盖膜封上，然后让老大猜答案。他每猜一个答案，就要刮掉对应的灰色膜，看自己有没有答对。

[变化] 就地取材也能玩汉字揭秘　难易度：●●○

如果没有覆盖膜，也可以用卡片或小贴纸，把圈出来的答案遮住，改成玩"汉字揭秘"游戏。

当老大猜中一个后，我会跟他说："确定吗？如果确定的话，可以拿开卡片看看。"

老大就会兴奋地去"开奖"。如果看到圆圈，他会非常开心；没有看到圆圈，我也会为他讲解字的意思，让他明白为什么是这个组合。

还是拿"打扮"来举例吧。比方说，我会告诉老大："人字旁的'伴'通常和人有关，比如你的小伙伴，是陪着你玩耍的小朋友。而'打扮'需要动手，所以是提手旁的'扮'，是装饰、化装的意思，你在幼儿园曾经扮过孙悟空，就是这个'扮'。"这种解释就是给汉字编码的过程。

一旦我们将这些信息转化为孩子大脑可以理解的信号，孩子往往就会对两组同音字有更深的认识，多重复几次以后他就懂了。

刮刮乐也好，卡片揭秘也好，自己开奖这个环节非常吸引孩子，我家老大非常爱玩这个游戏，也因此减少了很多老写错字的问题。

记忆力游戏④【生活中学古诗】

随时随地都能玩，引导孩子发掘知识和生活的联系。

准备材料：容易理解的古诗

锻炼能力：情境记忆，语言理解，阅读准备

难易度：●○○

学古诗，不能只是让孩子机械式地重复，而是应该建立在理解的基础上。联系现实去讲解诗的意思，讲作者写诗的时候在想些什么，最好也能联系孩子的日常生活，像是他感兴趣的东西、新学的知识等。

比如教孩子《咏鹅》这首古诗："**鹅鹅鹅，曲项向天歌。白毛浮绿水，红掌拨清波。**"最好的方法当然是和孩子一起去湖边，一边看鹅一边讲诗。你可以跟孩子说："这是一个七岁小朋友写的诗。那个小朋友发现一群鹅，弯曲着脖子，对着蓝天在唱歌。他又低头看，发现鹅洁白的羽毛漂浮在碧绿的水面上，红红的脚掌在清澈的水波上划呀划。"

说完以后，再指着鹅问他："你看到的鹅和那个小朋友看到的鹅一样吗？"让孩子也仔细观察一下鹅的脖子、羽毛、脚蹼，还可以给孩子笔，让他画出心中的鹅。与强迫孩子背一首他不理解的诗相比，通过这样引导的方式，反而会让孩子记得更牢。

[做法] 生活中随处是学习　难易度：●○○

在不同的场景，你可以教孩子不同的诗。比如：

听到鸟叫了，你可以教他念"春眠不觉晓，处处闻啼鸟"。

跟孩子爬楼梯时，让他转过身自己看，解释这就是"欲穷千里目，更上一层楼"。

孩子吃饭把饭掉到地上，跟他说"粒粒皆辛苦"。

晚上看到月亮，教他念李白的"床前明月光"。

甚至同样的场景，比如都是在下雨，你也可以教孩子不同的诗句：

"好雨知时节，当春乃发生。"（杜甫《春夜喜雨》）

"天街小雨润如酥，草色遥看近却无。"（韩愈《早春呈水部张十八员外》）

"细雨鱼儿出，微风燕子斜。"（杜甫《水槛遣心》）

像这样的方式就是通过情境学习，引导孩子自己去发掘知识和生活的联系，从而促进信息的保存和提取。

记忆力游戏⑤【分类记忆】

在家里进行，用图片教孩子分类记忆的策略。

准备材料：绘有动物、水果、交通工具等的图片，每一类图片二至三张

锻炼能力：分组块记忆

难易度：●●○

分类记忆

分类是分组块的一种，提到"分组块记忆"，大家对它其实并不陌生。当我

们需要记手机号码时，常会习惯性地把十一个数字分成三组来记忆。不过对孩子来说，这可是个高级的记忆策略。借由陪孩子玩"分类记忆"游戏，让孩子自己体验分类策略的效果，以后他在记忆时就会更常用这种方法。

首先要准备一些动物、水果、交通工具的图片，比如动物图片，可以用孩子喜欢的恐龙、蛇、小猪佩奇等，把这些图片叠在一起，然后随便抽取一些，切记数量要超过孩子平常的记忆能力，如果孩子平时一次能记五张图，就拿出六至九张图片（按照孩子的能力准备，让他很难一次全记住）。

先带着孩子一一说出图片的名字，再把图片拿走，请孩子回想刚刚看过哪些图片。你们一起数一数，看孩子说对几张，然后把张数记下。

接下来，你就可以开始教孩子分类记忆的策略了。

"你刚才记住了五张，真厉害！现在我要教你一种新方法，用这样的方法记忆，你可以记住更多张！"

先夸奖孩子的表现，让他想要挑战"记更多"。然后再抽一些图片出来，数量跟上次记忆的数量相同。不过这次在孩子看图片时，你可以给他一些提示，引导他把图片分类："这些图片中，恐龙、小猪佩奇有什么相同点呢？对，它们都是动物。"

继续再用同样的方式，引导孩子认出水果卡和交通工具卡。最后把图片拿走，对孩子说："这里有三类图片，有动物、水果，还有交通工具。好了，它们分别是什么呢？你记得吗？"

请孩子回想一遍，并提醒他按类别去记忆。理论上，孩子在有分类的状况下都会记得比较好。这时你就可以顺势引导孩子，以后如果需要记下很多信息，就可以利用分类的方式来协助记忆。

记忆力游戏⑥【找朋友】
随时随地都能玩，特别适合在参观博物馆后进行。

准备材料：不用准备

锻炼能力：记忆的提取，科学学习

难易度：●●○

通过线索引导孩子去提取记忆，帮助孩子联结新的信息和已有的知识，也是教孩子记忆策略的好方法。建议爸爸妈妈和孩子玩"找朋友"，举几个例子，让孩子来说说还有什么是它们的同类。

例如，给孩子一个苹果，请他说说看还有什么水果；或者给孩子看一只大老虎的图片，请孩子说说还有什么动物等。

这个联想游戏特别适合在孩子参观博物馆后进行。每次我带老二去博物馆看展览，第二天就会引导他回想："昨天在博物馆里，最让你惊讶的东西是什么？"

"奇形怪状的珊瑚礁。"老二答得很快。

"是呀，有树枝和蘑菇形状的珊瑚礁。那你记不记得珊瑚礁是动物还是植物呢？"

"我知道，是动物。"老二得意地回答。

接着，我就可以让他给珊瑚礁找朋友了。"那珊瑚礁在水里，有哪些朋友呢?"

老二努力回忆起很多小鱼的名称,比如小丑鱼,我都记不住这些鱼的名字。等他把想到的鱼都说得差不多,我继续跟他说:"你已经为珊瑚礁找了五六个小伙伴了,但我还记得水里面有只动物,长着雨伞头,会发光,你还记得它叫什么吗?"

"那是水母。"老二接收了我的提示,抓到"漏网之鱼"。

"没错。你真棒,为珊瑚礁找了这么多好朋友,它们都生活在同一个家园里。"

除了博物馆,带孩子去过植物园、郊外或者超市,也都可以跟他玩这个游戏。先丢个问题给他:"昨天你在超市看到了什么水果?"或:"上次我们在动物园看到哪个小动物了?"如果孩子卡壳了,你可以用孩子经历过的事帮助他回忆和联想。

另外,你还可以和孩子轮流说出同类,看看谁想到的多。跟孩子在比赛"找朋友"时,记得故意装作不知道,对孩子说:"我想不出来了,你能给我提示吗?"游戏效果会更好。

记忆力游戏⑦【还需要什么】

在家里进行,联想实际生活情境中需要的东西。

准备材料:任何东西都行,比如以吃饭为主题时需要用到的物品

锻炼能力:情境记忆,生活习惯的养成,发散性思维

难易度:●●○

如果孩子上一步能够很好地完成，不妨试着将联想的范围扩大一些。因为我们已经知道，记忆是通过网络来运作的，在情境中学习会让记忆保存得更久。

"还需要什么"这个游戏，是让孩子去联想实际生活情境中需要的东西。例如，趁着开饭前问孩子："一会儿就要吃饭了，请你帮我想想，除了会用到碗和勺子，还需要什么东西呢？"

若是家里有学龄前的孩子，你可以带他进厨房，让他实际看到各种餐具，比如，碗、勺子、筷子、杯子、锅铲等，然后给他一些提示，问他："我们用什么来盛饭呢？"孩子回答"饭勺"或"碗"都对。接着请他指出饭勺或者碗在哪里。

玩过几次以后，孩子会对吃饭前的准备非常熟悉，不仅能说出盘子、筷子这类常用物品，还能联想到围裙、杯子、调料罐等更多物品，甚至还会帮忙摆餐具。这时候可不要忘了给他竖起大拇指哦！

当孩子对饭前准备很熟悉了，再玩这个游戏时，就不用带他进厨房了，可以直接问他："吃饭时需要用到哪些东西呢？"孩子会说需要碗和筷子。你可以再追问他："还需要什么呢？"鼓励他回忆更多的餐具。

[延伸] 适用于各种情境经验　难易度：●●○

除了吃饭的时候可以玩，这个游戏还适用于其他各种情境，包括一些比较复杂的场景，比如旅行时。

如果孩子已经有一些旅行经验，下次全家准备出游时，你可以让孩子想想需要带什么。孩子可能会跟你说不知道，或者只想到自己喜欢的玩具、零食，这时候需要一步步引导他，帮助他回忆，不要一开始就说出答案。

（以下是模拟引导对话）

家长："你还记得上次我们去东京，准备了哪些东西吗？"

孩子："有小熊饼干，还有一个大箱子。"

家长："箱子里装着什么呢？"

孩子："爸爸妈妈和我的衣服。"

你还可以引导孩子回想旅途中发生的事情。

（继续模拟引导对话）

家长："你还记得吗？上次去迪斯尼乐园，早上下了一场好大的雨，我们那时候是怎么做的呢？"

孩子："爸爸买了一把伞。"

家长："那这次我们去旅行要带什么呢？"

孩子："带大箱子、衣服、雨伞和我最喜欢的小熊饼干。"

你看，通过回忆上次旅行的情境，孩子对于旅行的记忆更牢固了，也逐渐学会了做旅行前的准备。

在做关联性练习时，爸爸妈妈可以和孩子进行一场比赛，轮流说联想到的物品，看看谁能想到更多。同时，不要忘了**随时引导孩子，帮助孩子扩大联想，尽量不要一开始就说答案**。

记忆力游戏⑧【照片里是谁】

在家里进行，集温馨、有趣、益智于一体的游戏。

准备材料：家庭相册

锻炼能力：记忆，语言理解

难易度：●○○

在记忆领域有一种特殊的记忆,是对个人信息和个人生活经历的记忆,叫作**"自传体记忆"**。和孩子一起翻家庭相册,回忆过去的事情,能增强孩子的自传体记忆。

这次我要推荐给大家的游戏是"照片里是谁"。我和老二经常玩这个游戏,这是个集温馨、有趣、益智于一体的游戏。

每次我一打开家里的相册,老二就会挤过来看。然后我会让他负责翻照片。每翻到一页,我先问问他:"这是谁?"或者:"妈妈在哪里呢?"所以现在他完全能认出家人,即使是年轻时的我和太太。

有些照片比较特殊。一张是老二哭的照片,旁边还有一只小狗。老二很关注这张照片,每次翻到这里都要看好久。这时我就会问他:"这个小宝宝是谁呢?"

"我。"老二回答。

"为什么哭得这么伤心呢?"

"有狗狗在。"

当时老二还很小,因为旁边有狗狗,觉得很害怕。我很好奇他还记不记得这件事。

"那时你刚两岁。你还记得是谁的狗狗吗?"我继续问他。

"隔壁萝卜阿姨的狗狗。"

孩子果然对特殊事情能记很久。

"对,是萝卜阿姨的狗。之后发生了什么呢?"我又追问。

"萝卜阿姨抱着狗狗,我摸了一下。"

"对呀,你当时可勇敢了,擦干眼泪后,还摸了摸狗狗的耳朵。"

我们聊完这张照片后,老二还亲了亲这张照片中的自己。

"我现在更勇敢了。"他自豪地说。

我相信你家的相册里一定也有类似的照片,比如,孩子刚开始学爬行、走路不小心摔跤了、在公园的沙坑玩沙子、三岁生日时穿上了艾莎公主的小裙子……比起单纯的人物照,孩子对特殊事件照片中的情形,记忆时间会更久。

如果孩子想不起来,你还可以给他一些线索,比如:"这是过年时全家人一起吃饭拍的照片,你吃到了最喜欢的南瓜饭。你还记得当时发生了什么吗?"这种回忆让孩子感觉和家族紧密联系着,增强了他的自我认同感。

如果孩子还说不清楚,你还可以带他把发生的事情表演出来。这样既可以锻炼孩子的记忆力,还能增强亲子关系,也让孩子不断发现自己的成长。

◀ 这张照片是在老二两岁多拍的,身边的玩偶是他在游乐场玩游戏得到的奖品,所以让他印象格外深刻。每次看到这张照片,他就会回想起是怎么得到这只老虎的。

心理学家爸爸之单元小任务

在这个单元中,介绍了几个可以提升孩子记忆力的游戏。请选择其中一个游戏和孩子进行互动,并用表格记录过程(例如孩子对于问题的回答、任务的执行情况,或是你的感想等)。

【多选题】孩子没有办法记下事情,可能有哪些原因?(　　)

A. 孩子用到的是工作记忆,而他们的工作记忆并没有发育成熟。

B. 要记住的信息量太大了。

C. 记忆很容易出错,要记住的东西容易和原有的记忆搞混。

D. 孩子注意力不集中,没认真听要记住的东西。

E. 要记住的东西不能"学以致用"。

(表格范例、答案与说明请见附录209页)

第六章 思维力：我们理解世界的底层演算法

在和家长朋友交流的过程中，我常常会收到这样的问题：

> （1）为什么有些孩子遇到问题，头脑很机灵，能找到多种解决方案，而我的孩子面对问题总喜欢回答"不知道"呢？
>
> （2）为什么孩子喜欢问为什么，但是不喜欢自己认真思考答案？
>
> （3）为什么我的孩子在玩拼图和七巧板的时候不喜欢动脑筋？

面对这些问题，我们都会觉得这和思维力有关系。毕竟如果孩子不会主动思考，他的专注力和记忆力再好也不能解决问题。因此，我们在培养孩子的过程中，都会很注意评估孩子的思维力，认为这是个对学习很重要的能力。确实，如果连独立思考都不会，不论在学校学习，或是未来工作，都会有很大的困扰。

不过，各位爸爸妈妈也不用这么焦虑，孩子很多表现其实是正常的，或者只是少了一些引导。在这一章，我就来跟大家聊一聊，我们经常说的"思维力"指的是什么，而我们又应该如何培养孩子思考和推理的能力。

思维力是什么？

思维的基础是把外在信息内化

在孩子的成长过程中，他会遇到各种各样需要解决的具体问题，小到玩拼图、搭建乐高模型，大到解决复杂的数学推理题。要想解决这些问题，需要孩子在头脑里有一个思考的过程，也就是思维。而这个过程的第一步，就是先吸收外在的信息，也就是把外在的信息内化。

一般来说，我们内化外在信息的方式有两种，一种是"**类比**"的，一种是"**符号**"的方式。所谓类比的方式，就是把你看到的东西按照原样复制粘贴到记忆中。你可能也发现了，类比的保存方式是效率不高的，因为世界那么大，每天那么多信息，怎么能够都记住。就像你每天看到那么多张桌子，你不会把每张桌子的样子都记住。所以更多时候，我们会用符号的方式来保存，而我们最常用的符号就是"语言"，比如用"桌子"这个词来指称我们看到的这些家具。

一旦孩子内化了信息以后，他就可以继续下一步了，也就是在头脑里对这些信息进行计算，或者说推理。

思维力的核心就是找答案

以推理作为第二步，就是我们对于思维的一般理解了。通常我们想到思维力，就会想到逻辑推理，感觉这两件事情是一回事。这样的想法不完全错，不过逻辑推理比思维的概念小一些，因为逻辑推理的目的，就是要找到一个合理的答案。

在进行推理之前，我们必须要知道一些关联性，特别是有因果关系的关联性。举个例子来说，有一次老大不小心踩到我的脚，我"哎"了一声，老大就说："抱歉。"有点出乎我意料的是，老二马上走了过来，在我前面说一声"抱歉"，当我还在狐疑的时候，发现我的脚被老二踩了一下。原来这个家伙，很快地把"抱歉"和"踩脚"这两件事情联系在一起了，不过他做了错误的因果判断

在生活中,

每个活动都可以培养孩子的思维力,

哪怕只是堆叠积木。

多放手让孩子去尝试,

鼓励他们表达自己的想法与观点,

就是最好的做法。

（或是故意做了错误的因果判断）。

有了这些关联性之后，就是要反复验证，验证方法可分为两个大类别："**演绎推理**"和"**归纳推理**"。演绎推理指的是，根据已知的前提A，来推理出一个结论。比如，我们知道一个前提，即"这家幼儿园所有的孩子都是五岁以上"，然后又知道小明来自这家幼儿园，通过演绎推理，就会推理出一个结论："小明肯定已经五岁以上了"。演绎推理也是一个从普遍道理中推理出特例的方式。

在生活中我们常用到演绎推理，但它并不是孩子最常使用的推理方式。**孩子最喜欢用的是归纳推理**。归纳推理就是从特殊归纳出普遍。比如，你知道我每天早上七点就带孩子出门去上学，然后你又知道我们每次都能准时到，于是就推断，只要我们七点出门就一定能准时到。这就是一个归纳推理在生活中应用的例子。

类似的例子还有很多，但是你会发现，有时候归纳推理的结论是站不住脚的。

以前面那个例子来说，如果我们到了一家幼儿园，你发现小明是五岁以上，然后小红也已经五岁多了，如果是用归纳推理的话，就会推理出"这家幼儿园里所有孩子都是五岁以上"。

推理进行到这里，应该很多朋友都发现问题了：你又没见过这家幼儿园里所有的孩子，你怎么知道呢？

小朋友很常使用这样一种方法来推理事情，所以有时你会发现，他有一些很荒谬但是又很好玩的理论。比如他见到的女孩子都是长头发的，他可能就认为女生都是长头发，如果有一个人不是长头发，那么这个人一定是男生。

总归来说，演绎推理和归纳推理并没有好坏之分，都是孩子和我们大人最常使用的推理方式。

思维与学习之间的关系

一说到思维和学习之间的关系，我们往往会立刻想到思维与数学等理工学科之间的关联性。但是，其实思维与学习的关系不仅仅是这样，接下来我就从两个方面来做介绍：

思维的起点也是学习的源头

前面我提到了思维的第一步是内化信息，其实从这一步开始，你就会发现每个人内化信息的方式是不同的，有的人会更高效，让整个思考过程更快，还容易得到答案。

为什么会这样呢？因为每个人有不同的经验累积。比如对于学习围棋很久的人来说，他们看棋盘的方式就和新手不一样。新手看到的可能只是一堆黑色和白色的棋子，但是专家一眼就能从棋子的排列中悟出胜负。

所以，**后天经验的积累是非常重要的，思维不是从出生就设定好的。**

很多爸爸妈妈或许会有疑问，孩子还那么小，能积累怎样的经验呢？这并不是鼓励大家带孩子参加很多才艺班，也不是要带孩子天南地北地旅行，其实在日常生活中，就能够实现对孩子思维的拓展。

想想看，如果每次你跟孩子在路上看到狗，都跟他说："儿子啊，你看那边有一条狗狗。"那么他之后恐怕也只会用狗狗来标记这种动物。但如果你跟他说:"你看那边有一条腊肠犬,它的腿短短的,身体长长的,就像一条腊肠一样。"每一种不同的狗,都搭配着不同的介绍,久而久之,孩子对于狗的知识就有了结构性,而不会都用"狗狗"这样一个词去指所有的狗。通过这样一个小小的举动,我们看待同一件事物的方式就变得截然不同。

逻辑推理让学习更高效

思维力跟学习有关联的另一个部分就是逻辑推理。在前面我也提到,逻辑推理包含了发现关联性的部分,也包含了发现事实并得出结论的过程。所以,逻辑推理的定义是非常广泛的,不是只跟数字、数学等有关系。

> 事实之所以是事实,就因为它是普遍的规律,是真实存在的。

建立事实,意味着我们要去发现外在世界的普遍规律,而这件事情本身也是"学习"的一部分。反过来说,找出规律对于学习来说也是很重要的,因为规律能够帮助我们把信息做组织、分类,加速信息的处理。

比如记忆英文单词的时候,对字根、字首有一些认识,就会比较有效率。所以我要引导孩子背英文数字时,就会引导他去思考这当中的关系,例如"十三到十九的数字,都是以'teen'结尾"。如果你可以做到,孩子看到"teen"就会想到跟十几有关系。

如何提升孩子的思维力

首先,针对不同年龄段的孩子,我要给家长不同的建议:

如何提升孩子的

思维力

培养规律	启发思考	理性思考
三岁以下	三至五岁	五岁以上

小宝当家（115页）　　提意见（117页）　　程序游戏（112页）

　　　　　　　　　　不一样的绘本（119页）

其他小游戏

两两配对（121页）

猜猜我是谁（122页）

国王的规则（124页）

思维力学习图

针对不同年龄段的思维训练

孩子思维力的发展,除了量的转变之外,也会有明显质的转变。所以在游戏和训练方面,特别针对不同年龄段的孩子提供建议:

三岁以下,更需要的是建立习惯、规律性,这些是思维能力的基础。

三至五岁,引导他们除了多问问题之外,也可以想想可能的答案。

五岁以上,对于基本的思维规则都能掌握了,可以引导他们进一步灵活地使用这些规则。

对于五岁以上的孩子,我会鼓励爸爸妈妈**让孩子学习程序设计**,训练理性思考。其实现在有很多练习程序设计的玩具非常适合让孩子练习做规划,例如会移动的小老鼠或是毛毛虫。像左边图片中的Steam Toy(教玩具,即融合了科学、技术、工程、艺术、数学等学科的综合教育理念的玩具)"机器老鼠",就可以让孩子练习怎么规划才能让小老鼠跑到目的地,吃到奶酪。

◀ 程序游戏"机器老鼠"

✅ **适合游戏:**

【小宝当家】

在遇到问题的时候,问问孩子怎么办,引导他深入思考。三岁以下适用。（115页）

【提意见】

给孩子一个机会,让他对你提意见,反过来你也可以对孩子发问。三至五岁适用。（117页）

【不一样的绘本】

读完绘本后,和孩子一起想象可能发生的不同结局。三至五岁适用。（119页）

虽然听故事和程序设计都能够训练理性思考,但是**程序设计更能激发孩子的主动性,也更贴近在真实生活中,孩子遇到问题时,要自己主动想出解决的办法**。目前市面上有不少成熟的产品,家中如果有五岁以上的孩子,爸爸妈妈可以让他们拿来做练习。

思维训练的小游戏

拼图、积木、七巧板等,都是很常见的锻炼孩子思维能力的游戏,但可能有时候孩子并不喜欢玩,或者爸爸妈妈不知道要怎么引导他,所以我在这里也推荐几个不需要用特殊道具的小游戏。家长们可以跟孩子玩玩看,引导孩子自己多多思考,掌握事物的规律和关联性,最终学会解决问题。

 **适合游戏：**

【两两配对】

随机拿两种东西，然后问孩子它们有什么相同点，又有什么不同点。（121页）

【猜猜我是谁】

和孩子互相规定对方是什么，规定之后不能告诉对方，必须通过排除法猜测自己是什么。（122页）

【国王的规则】

由"国王"制定一个规则，"侦探"观察国王的言行，猜出这个规则。（124页）

这一节介绍的这些小游戏，看起来不一定是直接训练孩子的思维能力，但是要能够展现好的思维能力，必须要了解事情是照一定规律在运作，主动思考事情运作规律是怎么样的，下一步才是去活用这些规律。建议大家在玩比较复杂的游戏时，要先确认孩子理解了规律的特性，否则孩子可能搞不懂这游戏到底是怎么一回事，容易产生挫败感。

而除了思维以外，我们最经常提到的还有让孩子自主思考。思维是属于孩子自己的，你做不到把自己的大脑复制粘贴到孩子身上，但是你可以一步步引导孩子去发现思维的奥妙。不过前提是，**要给孩子足够的空间和时间去发展和探索。**

我和太太曾经带老大、老二参加一些亲子活动，整个过程都是让孩子自己去做，尽量不插手。但是也常常会发现，有些爸爸妈妈会一直在旁边提醒，或者只要孩子一做错，就立刻纠正：

"你看，老师是用这个颜色啊！"

"你这样摆放不像一棵树。"

"你应该这样放才对。"

……

这样的做法,虽然会让最终的手工成品比较好看,但是在这个过程中,孩子自己学习和思考的机会被剥夺了。如果哪一天没有你在旁边提醒孩子,孩子很有可能就不知道该怎么想和该怎么做了。所以,我再次强调这个原则:如果孩子没有求助,就说明他还在自己尝试,爸爸妈妈要管好自己的嘴巴和手!

思维力游戏①【小宝当家】

随时随地都能玩,一日管家,换孩子做做看。

准备材料:什么都不需要

锻炼能力:问题解决,语言表达,灵活思维

难易度:●●○

你看过电影《小鬼当家》(*Home Alone*)吗?孩子管家也可以很厉害。跟两三岁孩子玩"小宝当家"游戏时,爸爸妈妈可以跟他说:"今天你当家,家里的事都归你管,你说了算。"然后问他一些需要解决的问题。

例如要跟孩子出门时,发现自己袜子破了个洞,就可以问问小管家:"你看,爸爸的袜子破了个洞,该怎么办呢?"

孩子可能说"不知道"。而根据他说不知道的原因,你有两种应对方式:

[情况A] 孩子真的不知道

这种情况是因为孩子没有相关的生活经验，确实不知道答案。在这种情况下，可以提供几个选项让孩子选。

（以下是模拟引导对话）

"爸爸想到了，要不今天我穿凉鞋出门好了，这样就不用穿袜子。还是你觉得爸爸该去换一双新的袜子呢？"当你邀请孩子帮你做决定后，他对这件事情的印象会特别深刻，也更有自信。

"穿凉鞋。"

在你穿上凉鞋后，可以再问他：

"为什么你会选这个，而不是选另外一个呢？"

"要快点出门。"

"哦，原来你想早点出门，这样可以玩得更久。"

在你的引导下，孩子会思考得更加深入。但要提醒的是，你给孩子的选项必须都可以实行。也就是说，孩子做选择后，你就真的要执行。当孩子选择让你穿凉鞋出门，如果你找出各种理由拒绝，最后换了一双新的袜子，孩子可能会觉得很受挫。

[情况B] 孩子懒得思考

这种情况是，孩子有相关的生活经验，只是懒得思考，干脆说"不知道"。这种情况下，你可以**使用一些策略，避免孩子逃避思考。**

（1）假装自己不知道

"爸爸袜子破了，不知道怎么办，好希望有人能告诉我答案呀。今天小宝当家，你可以帮助我吗？"

(2) 使用奖励

"爸爸袜子破了,不知道怎么办。谁来帮助我,周末我就带谁出去玩轮滑。"要注意尽可能避开物质奖励,而是奖励孩子一段美好的亲子时光。

而在使用这些策略后,孩子往往会提出一些解决方案,你可以和他一起讨论各种方案的优缺点。举例来说,如果孩子说"把破的地方遮住就好了",你可以说:"这样最省事,不过被发现了怎么办呢?"引导孩子继续想办法。

另外,想要游戏进展顺利,平时在想问题时,可以尽量把自己的思路讲出来,让孩子学习怎么解决问题。比如在组装衣柜时说出步骤:"先装好底层,再竖起四根木棍。接着插上卡标。注意卡标要放在同样位置,不然木板装上会不平,需要拆掉重装……"潜移默化中,孩子解决问题的能力会得到提高。

思维力游戏②【提意见】

在家里进行,通过绘本共读,练习发问思考。

准备材料:绘本

锻炼能力:问题解决,发散性思维,创造

难易度:●●○

很多小朋友喜欢的电视动画片,像是《米奇妙妙屋》或《爱探险的朵拉》,基本上都有引导孩子要怎么去解决问题,只不过看动画片时,孩子很容易过度注意剧情的发展,反而没留意到跟问题解决有关系的细节。

所以,找一些好的绘本是更适合的做法,你可以多花一点时间跟孩子互动,然后问他:"你会怎么做呢?"

而说到找绘本，我要推荐日本绘本画家吉竹伸介，他的作品都是很棒的素材，善于以孩子的角度来看世界，然后提出各种千奇百怪的问题。像我家老大最喜欢的就是《我有意见》这本书，因为里面讲：

为什么大人想要买什么就可以马上买，但是我就要等很久？

为什么大人可以很晚还不睡觉，小孩就要早早被赶上床？

对于孩子提出的关于早睡觉的意见，书里面的爸爸解释说，因为圣诞老人会派人来调查，看他是不是早早睡觉的孩子。

跟孩子一起阅读绘本，可以启发孩子思考。我很推荐亲子共读这本绘本。在读的过程中，你可以问孩子："为什么小朋友听说圣诞老人要来调查，就打算早睡了？"

"不乖的小朋友没有圣诞礼物。"

对于小孩子来说，乖乖上床睡觉，圣诞老人就会来给他发礼物；如果被发现很晚还不睡觉，圣诞老人可能就不来了。这个回答是经过思考的。

通过故事的方式，可以帮孩子梳理事物之间的联系，训练孩子去做判断、换位思考，也就是灵活运用自己的知识；也可以鼓励孩子举一反三，学习怎么解决问题。读完绘本后，就可以跟孩子玩"提意见"的游戏了。

[情境A] 孩子给大人提意见

一开始，孩子可能会提跟书上相同的意见，爸爸妈妈要引导他，想想自己的意见，培养孩子的发散性思维。而在我的启发下，老大有一次问我："爸爸，我有意见，为什么妈妈可以不吃苦瓜，可是你要我吃苦瓜？"

我想了好久没想出答案，最后决定以后他也可以不吃苦瓜了。

[情境B] 大人给孩子提意见

孩子提完一个意见后,别忘了你也可以提意见。比如,我会问老大:"为什么你可以买好多好玩的玩具,我一个玩具也没有?"

"你小时候玩过了。"

老大的回答让我再次不知道该怎么回应。

可见提意见这件事情,还是孩子比较擅长。

而且你会发现,随着孩子的语言能力越来越好,他会很喜欢问问题。这时候你千万不要指责他为什么一直发问。

有些孩子会一直问同样的问题,你可以在回答几次之后,反问他别的问题。

有的孩子还没有体会到自己找答案的快乐,你就可以给他一些提示,让他体会到自己找到答案的快乐。

思维力游戏③【不一样的绘本】

在家里进行,和孩子一起帮绘本设计结局。

准备材料:绘本

锻炼能力:问题解决,批判性思维,想象

难易度:●●●

"不一样的绘本"怎么玩?其实除了演出绘本,另一个更有意思的玩法,就是引导孩子帮绘本设计不同的结局,锻炼孩子的思维力、想象力和批判性思维。

举例来说,英国童话作家唐纳森(Julia Donaldson)的《咕噜牛》(*The*

Gruffalo），讲的是一个"狐假虎威"的故事，小老鼠阿斗借怪兽"咕噜牛"的力量，吓跑了想吃它的各种动物。在绘本中，小老鼠阿斗遇到了很多困难，狐狸、猫头鹰、蛇和咕噜牛，一开始都想要吃掉它……

爸爸妈妈可以一边读绘本，一边对孩子提问。像是在读到狐狸请小老鼠去狐狸窝吃饭的时候，问孩子："这只狐狸是真的想和小老鼠吃饭吗？"

"不是。"孩子摇摇头。

"对，狐狸想吃掉小老鼠。你觉得小老鼠该怎么办呢？"

孩子这时还不知道后面的故事情节，他就得自己动脑筋想。他可能会说"钻到石头缝里"，或者"假装说要为狐狸准备礼物，然后溜走"。这就是孩子发挥创造力解决问题的过程。

然后你们接着往下读，看看小老鼠实际上是怎么做的。

读完绘本后，你还可以和孩子讨论这个故事，问他："如果咕噜牛很聪明，一眼识破小老鼠的计谋，它想吃掉它，小老鼠该怎么办呢？"

"跑掉。小老鼠跑得快。"

你可以肯定孩子的观点，然后继续引导他。

"遇到危险就跑，是一种安全的做法。还有没有其他办法呢？"

"跳到一个弹簧虫身上，被小虫弹到天上去。"

"真厉害，你竟然想到这么有创意的点子。不过小老鼠还是会掉下来呀！"

"小老鼠掉下来，落在咕噜牛的头上。咕噜牛就捉不到它了。"

你看，这是一个解决问题的过程，也是一个发挥想象力的过程。在你富有逻辑、思维的引导下，孩子会有更多的思考。

思维力游戏④【两两配对】

在家里进行，比较异同也是创意学习。

准备材料：任何东西都行

锻炼能力：因果判断，发散性思维，观察

难易度：●●○

这个游戏步骤很简单：比较两种东西的相似点和不同点。任何东西都可以做道具，比如，孩子常玩的积木、毛绒玩偶、小车车等玩具。

玩法是随机拿两个玩具，然后问孩子，这两个玩具有什么相似的地方。比如积木块和小汽车有什么相似点？它们都是方形的，都是冷冷的、硬硬的。孩子说了一个之后，就换大人说一个，直到都想不出来为止。

[变化] 轮流找出不同的地方　难易度：●●○

除了找相似点之外，也可以训练孩子找不同的地方。同样是轮流讲。就拿恐龙模型来说，你拿出霸王龙和三角龙模型，和孩子轮流找不同的地方。

孩子："三角龙脖子上戴着一把扇子，霸王龙没有。"

爸爸："霸王龙的牙齿比三角龙粗。"

你们可以一直说下去，帮助孩子拓展思维，内化更多的经验。这样他会知道恐龙分为很多种，每一种都有自己的特点。

另外，不妨也和孩子比一比，谁能够找出两个东西之间最多相似或相异的属性。在孩子熟悉的领域，像是动物和汽车世界，你不一定能轻松获胜哦！

[延伸] 提出反问激发想象力　难易度：●●○

有时候你还可以问孩子"为什么",帮助孩子形成自己的因果判断。比如当他提到三角龙脖子上戴着一把扇子时,你可以问他:"为什么会有不同呢?"

孩子一开始可能说不知道,你可以提醒他想象一下。

"因为三角龙比较怕热。"

"哦,你觉得他会给自己扇扇子,这个想法真有趣。我们来一起查查,这种扇子是不是能让三角龙夏天更凉快。"

这个游戏还有更多的扩展玩法。游戏道具不仅限于物品,你们也可以比较抽象的概念,比如"星期六和星期日有什么相同和不同",甚至不同的人,比如"爸爸和妈妈有什么相同和不同"。你猜孩子会有怎样的回答呢?快去问问他吧。

思维力游戏⑤【猜猜我是谁】

在家里进行,用交换问答猜"你的名字"。

准备材料:笔和两张便利贴

锻炼能力:问题解决,想象

难易度:●●○

其实这是大家很熟悉的猜名字游戏。在这个游戏里使用的排除法是一种常用的逻辑思维方式,它让孩子通过比较和排除,找到正确答案。

你只需要准备笔和两张便利贴，先和孩子规定好一个待猜的范围，比如你告诉孩子他是一个交通工具，孩子说你是个水果。

然后你和孩子分别在便利贴上写下或画出自行车（交通工具）、香蕉（水果）。过程中注意不要让对方看到。

写好后，分别把手中的便利贴拍在对方额头上。这时孩子的额头上贴了一张自行车图片，他就是自行车了。你们互相不知道自己是什么，因为只有对方能看到自己的额头。

接下来，你和孩子轮流进行提问，每次可以问一个问题，对方只能回答"是"或"不是"，比比看谁最先猜出自己头上便利贴上的物品名。

"我是在天上飞的吗？"孩子先发问。

你回答"不是"，然后接着问："我是黄色的水果吗？"

"是的。我是地上跑的吗？"

孩子需要记住你的回答，然后缩小猜测范围。

"是的。那我是硬硬的吗？"你继续回答和提问。

"不是。我有四个轮子吗？"孩子再次缩小范围。

在你回答"不是"后，如果孩子说出："我知道啦，我是自行车。"这时你还没猜出自己头上便利贴上的物品名，孩子就赢了。

在这个游戏中，孩子需要调用以往的经验和知识，尝试提出更好的问题和猜想，并根据你的回馈来确定下一步提问方向，逐步缩小猜想的范围，这可以有效锻炼孩子的逻辑推理能力。刚开始孩子的提问可能会比较随意，没有很强的系统性，但随着知识和经验的不断积累，孩子能逐渐学会更有技巧地提问，进一步简化解决问题的步骤。

而在孩子成功解决问题之后,爸爸妈妈可以跟孩子一起进行反思,讨论哪些方法和策略能够更加有效地解决问题,帮助孩子掌握问题解决的方法。

思维力游戏⑥【国王的规则】
在家里进行,以柯南精神揪出隐藏的规律。
准备材料:什么都不需要
锻炼能力:归纳推理,记忆,自制,观察
难易度:●●●

这个游戏可以提高孩子的归纳推理能力。在游戏中,一方为"国王",另一方为"侦探"。家长可以先做国王,让孩子来做侦探。

玩法是由国王制定一个规则,将规则(用自己能记住的方式)写到或画到纸上,扣在自己面前。例如"每次说话时必须摸摸鼻子"或"每次只说五个字"等。

孩子作为侦探,可以对国王进行提问或互动,而国王要严格遵守自己制定的规则。(例如国王的规则是每次说话时都要摸摸鼻子,那么在和侦探互动时,每次国王说话都必须摸自己的鼻子。)

国王可以先按规则重复三次。侦探通过仔细观察,猜测国王的规则。如果做完三次后,没有猜对,国王继续按规则表现,侦探接着猜。越早猜中规则,得分越高。完成以后，你和孩子可以交换角色，再次进行游戏。

大致规则就是这样。这个游戏让孩子通过在对话和行动中探索发现"国王"设定的规则，可以锻炼孩子的观察力以及推理能力。其玩法至少有两种：

[玩法一] 与国王对话　难易度：●●●

第一种玩法，国王必须说话。由孩子当侦探对国王提问。孩子需要在对话中发现国王共同的行为。

假设规则是"每句话第一个字都必须是以'啊'开头"。

（以下模拟游戏对话）

侦探："今天星期几？"

国王："啊，今天星期六。"

如果孩子能够很快猜对你的规则，不妨将规则设计得更加复杂和隐蔽一些，让游戏更具挑战性。接着列出几种"国王"可以参考的规则，爸爸妈妈可根据和孩子游戏的情境选择：

每句话中必须包括"我"和"对的"。

说到形容词时，要比画相反的含义。比如说到"大"要比画"小"，说到"长"要比画"短"。

……

[玩法二] 与国王互动　难易度：●●●

第二种玩法不同的是，国王不用说话，而是用动作表达规则。侦探可以提问，国王只能回答"是"或者"不是"。侦探需要观察国王的行为，找出其中的规律。而这种玩法也有几个国王可以参考的规则：

（1）国王搭积木，每搭两个红积木后，就搭一个黄色积木。

（2）身体要向右摇摆两次，再向左摇摆一次，然后转一圈。

（3）先哈哈笑，突然装作悲伤，再哈哈笑。

你会发现，在孩子当侦探时，这个游戏能锻炼他的归纳推理能力；轮到孩子当国王时，他需要自己定一个规则，然后坚持执行规则，这对孩子的自制力也是个大挑战，快和他一起试试吧！

 心理学家爸爸之单元小任务

在这个单元中，介绍了几个可以提升孩子思维力的游戏。请选择其中一个游戏和孩子进行互动，并用表格记录过程（例如孩子对于任务的执行情况，或是你的感想等）。

【是非题】

（　）1. 思维力等于逻辑推理。

（　）2. 要等孩子大一点，再关注和培养他们的思维力。

（　）3. 让婴儿多接触会有即时回馈的东西，比如摸了会发出声音的东西，就是在锻炼孩子基本的思维力。

（　）4. 只有学习和理工科有关的东西才会用到思维力。

（　）5. 找出事物的规律性是训练思维力的关键。

（表格范例、答案与说明见209、210页）

第七章 规划能力：让孩子生成自己的学习地图

规划能力是很多人欠缺的能力，我们习惯被告知要做什么事情，小的时候是爸爸妈妈告诉我们该做些什么，长大了是老师告诉我们该做些什么，进入社会后是老板告诉我们该做些什么。似乎都要到了一定阶段，我们才会逐渐觉醒，发现自己其实很不会处理事情，除了念书之外，不知道要怎么处理生活里的琐事；工作之后，对于工作以外的时间完全没有安排好，要不就是追剧，要不就是打游戏发懒。

不少爸爸妈妈会觉得孩子很多事情还不懂，所以习惯性地帮孩子做规划，告诉孩子该做什么事情。这样的做法，在孩子小的时候，好处是大于坏处的。但是随着孩子越长越大，其自主性越来越强，这种做法对孩子的好处就会越来越少，因为会让孩子越来越依赖家长，不会自己管理生活和学习。

事实上，三岁多的孩子就有了自我意识，会想要自己做决定，按照自己的步调来做事情。这时就是我们培养他们规划能力的时候了。

像在家中，我们尽量不干涉孩子的活动，虽然大人有一些基本的时间规划，但还是以孩子自己的步调为主。比如，我们不会叫孩子一定要先把什么事情做完，才能够去玩，而是告诉他："你今天要完成这些事情，那么你可以先做完事情再玩，或是先玩再来做事情，都是可以的。"

我家老大之前就有几次吃了苦头，因为贪玩，又没有精准规划自己写作业需要花多长时间，结果太晚才开始写作业，写到很晚才完成。这个经验乍看不大好，但这对老大是很好的提醒，他后来对于自己的时间规划就比较谨慎。我们在他决定要先玩乐后写作业的时候，也会提醒他："你记得之前那次的经验吧？"

我家老二虽然还小，在一些行为上也展现了好的规划能力。比如，他现在偶尔还会有一点点尿床，所以睡觉时一定不会穿他最想穿的衣服，而是会把明天想穿的衣服拿出来放在一旁，再另外挑一套来穿。到了早上，他就会自己起来把衣服换上，而这一系列行为其实就是在做规划。他会有条理地安排自己的生活，很厉害！多数时候，我们都会让老二规划自己的穿着，但是他这家伙就只喜欢穿舒服的运动服，要帮他打扮成小帅哥的样子都不行，还真是让人非常头疼。

扯远了，不知道各位爸爸妈妈会不会觉得奇怪：孩子会管理自己的衣着，和学习有什么关系呢？或者心想："你的孩子会有意识要去写作业，可是我们家的根本不会这么自觉呀！"大家不要着急，我接下来就详细介绍一下什么是规划能力，还有我们该如何培养这种能力。

什么是规划能力

说到规划能力，你可能会想，不就是安排好要怎么做一件事情吗？简单来说，这样的想法大方向是对的，但若从心理学的角度，我们会加上一些描述，像是这样的安排必须是有意识的，而且可以说明一个人达成了预定目标。所以，如果是阴错阳差把事情做好，不能算是好的规划，因为你只是碰巧运气好；如果你做了很多安排，每个步骤都没有出错，还是没有办法达成预定目标，也不算是一个成功的规划。

每天穿的衣服、吃的食物、参与的活动,

都是需要规划的,

从小就给孩子一些规划的机会,

哪怕他们规划得不好,也都是很好的练习。

计划的建构

在心理学的理论中,完整的规划能力包含两个环节:计划的建构与计划的执行。在建构计划时,我们需要考虑好几件事情,依次为:

(1)预期达到的目标是什么;

(2)目前的进展程度如何;

(3)目前的进展与预期达到的目标之间有哪些差异;

(4)要往目标前进会遇上哪些限制;

(5)如何拉近现状与目标之间的距离。

接下来我就拿学算术做例子,帮助大家更好地理解这几条。如果说我们预期达到的目标,是孩子能够做10以内的加减法运算,就算完成了第一条。

然后我们要了解孩子现在的算术能力是什么水平,再搞清楚要能够完成10以内的加减法运算需要具备哪些能力。假设你家孩子连1~10这几个数字都不认识,就要先认识数字,才有可能进一步引导孩子做加法练习,等到孩子熟悉加法运算之后,再进入减法运算的学习。

有些爸爸妈妈可能不擅长数学,这对于要教孩子加法、减法就会是一个很大的限制。另外,这个限制也可能是没有足够的时间,或是孩子本身对数学没有兴趣等。在认清限制的同时,其实也可以再修改预期达到的目标,比如把目标的难度降低,先学会5以内的加法。

一旦搞清楚目标,以及会遇到哪些限制,就可以规划要用什么方法进行。例如,先用各种不同的方式让孩子认识数字,适时搭配合适的影片、游戏等,强化孩子对数字的兴趣和理解。在孩子熟悉数字之后,就可以想办法用具象化、贴近生活的做法，让孩子理解"加""减"的概念。

由于孩子的大脑不擅长处理抽象化的事物，而数字、加减法都是很抽象的概念，所以我们一定要尽量把这些概念具象化。比方说先拿1个苹果给孩子，然后再给孩子1个，问他现在有几个苹果。如果孩子正确答出"有2个苹果"，就可以顺势告诉他，这就是1+1，1个苹果加上1个苹果，就会是2个苹果。

到这里，我们已完成了上述5条，也就是完成了计划的建构。

我要提醒大家一件事情：**千万不要低估规划的难度**。你想想看，如果老板突然交办一件你没做过的事情，你是不是会完全没有头绪，而且感到很焦虑？这种感觉，就是孩子在面对多数问题时的心理感受。对于没有学过加减法的孩子来说，他不知道该怎么面对这个问题，因为他完全没有基础。

所以，规划的过程其实远比你想象的复杂，你要预测事情可能会怎么发展，思考过程中可能会遇上什么问题，有时候又需要回过头去修正目标。这个过程中涉及不少的决策判断。很多没有经验的人，就会容易做出低效的规划，也就是既耗费时间，成效又比较差的规划。

其实孩子一直在经历这些，包括我们自己，也一定体验过这个过程。如果你能从过去的失败经验中汲取教训，下次就更容易做出更好的规划。像是你一定有过失败的旅行规划，但是第二次你就知道有哪些"雷"不能踩，还有哪些是需要注意的地方。所以，经验很重要，为了让孩子多去感受过程，我们就要多让他练习做规划，如此一来，他才有机会找出最适合自己的规划方式。

爸爸妈妈不要认为这样的培养好像过早了，其实不会，像我前面举老二穿衣服的例子，孩子因此很小就会有自己安排生活的意识。而且等到孩子上学后，他们开始需要管理自己的学习，这项能力就更重要了。

另外，我还想强调一点，**我们认定的最佳规划，不见得是最适合孩子的，因为每个人习惯的做法、擅长的事物都不大一样**。比如如果孩子冲突解决的能力还不够好，他选择先玩再做作业，你就让他自己安排，等到作业做不完，他会发现，其实先做作业再玩会比较好。

计划的执行

有了好的规划之后，剩下就是执行，这当中包含了对进度的控制，以及不停修正做法，确保自己最后能够达到预期的目标。多数时候，没有达到预期的目标，跟计划的建构，也就是第一步有很大的关系。不好的规划会导致执行起来很难。比如在孩子还不熟悉数字的情况下，就叫他背乘法口诀，执行起来就会非常困难。就算孩子记住了，也只是记住口诀，而不能理解乘法表的意思。

当然另一个原因也可能是动机不足，也就是根本没有做下去的动力，所以进度非常缓慢。这一点在成年人身上也相当常见。

你想想自己每年年初是不是都制订一些年度计划，但是等到年底回过头检视，发现自己没有完成多少。很多时候我们没有足够的动力想要做好某件事情，因此总是拖到不得不做才会开始拼命，拖延症其实就是这样产生的。那么，如果一件事情没有不得不做的压力，就很有可能被搁置了，即使这件事情有再完美的规划，也是没有意义的。

规划能力与学习的关系

好的规划让学习更高效

好的规划能力，对生活有很大的帮助，对学习也是如此。

在孩子还小的时候，爸爸妈妈的干涉程度会高一些，如果规划了适合孩子的学习方案，孩子不仅有机会学习得比较好，也能比较快学会。像我家老大是一个实干家，也就是很喜欢实践的那种，我和太太在规划他的学习方案时，就会尽可能把他要学的东西，和活动或是游戏都融合在一起，让他在过程中学习。

有时间的话，我也会自己规划游戏，或是找一些比较好的游戏书，让老大来做。比如我就买过一本关于数学的侦探活动书，每个单元都有一个需要解决的谜题，孩子必须完成数学题，才能找到答案。因为老大很喜欢这种类型的侦探活动，就会愿意认真解数学题，达到学习的目的。

但是，父母毕竟不能永远帮孩子做规划，所以你一定要逐渐放手，让孩子自己去练习做规划。建议爸爸妈妈可以做一个时钟，**先让孩子从规划自己的时间分配开始做起**，因为这是比较容易安排的，也比较具象化。

先从30分钟的规划做起。你可以在纸上画一个时钟，然后用不同的颜色，代表不同的事情，比如，黄色是学习，蓝色是休息。假设你希望孩子在30分钟内要有15分钟在学习，那么你就让孩子自己去规划，这15分钟要怎么安排在这半小时里面。在孩子规划完成之后，你可以帮他设置闹钟，时间一到，就提醒孩子切换任务。每次完成之后，你可以问问孩子，觉得这样的安排好不好，下次会不会想要换一个规划方式。

如果孩子喜欢这种方式,你还可以用它帮孩子规划日程。但只有文字可能会太单调,爸爸妈妈也可以采用图画+文字的形式来画这个时钟(如上图)。很多幼儿园都采用这种形式,孩子看了接受程度应该会更高。

不过,我觉得孩子一般对于学习的规划会比较没有兴趣,而且感受力不是那么强。**带孩子烹饪**倒是一个很不错的做法,像是要做饼干、蛋糕,必须要照一定的程序,要做好规划与安排,否则就没有办法做出好吃的东西。所以我平时在家带孩子做甜点,就会告诉他们,我们要先把需要的食材都准备好,然后才开始做。

过程中，我也会安排孩子帮忙做一些他们可以做的事情，像是做香蕉蛋糕的时候，老大和老二就负责把香蕉压烂。有时我也会故意搞错步骤，让他们知道，如果步骤错了，做出来的东西可能就不会那么好吃。通过这样的方式，孩子会知道做好规划是很重要的，如果凡事都先做准备，做事情就会比较有效率。

好的规划让学习更务实

很多时候，我们都喜欢设定一个很伟大的目标，但其实这样的做法，长远来看并不好。首先，伟大的目标会让人觉得无法达成；再者，努力很久都没有获得成就感，很难坚持下去，也会失去动力。所以，**要设定适当的目标，并且安排好的学习方案，才能真正学到一些东西。**

现在很多线上课程都掌握这样的大方向，他们把学习内容拆解成许多小单元，甚至设置不同的学习徽章。不过，因为孩子的个体差异大，这种很统一、很模式化的线上学习，很难帮孩子做最理想的规划。所以在家为孩子做合理的安排，就非常需要爸爸妈妈充分体察孩子的能力。

一般来说，我们要**把学习目标设定为有一点挑战性**。我家老二现在上的幼儿园，让中班和大班的孩子混龄上课，我发现这学期老二明显有进步，像他最近就很喜欢写数字、英文字母等，这个是我们先前没有特别引导他去做的事情。老师说有可能是他们在班上要求孩子写签到表，虽然中班和大班用同样的签到表，对孩子的表现有不同程度的期待，但可能在过程中，孩子发现哥哥姐姐会写上数字之类的，就学着一起做，即使他们只被要求在星号里面涂色而已。

我举这个例子是要告诉大家，**学习目标和难度的设置是很重要的**。在我家老二的例子里，像哥哥姐姐一样会写数字和英文，对他来说是个有一点挑战性的目标，而且成功调动了他的兴趣，所以他能够自发地一步步达成目标。

如果在孩子学习的过程中，爸爸妈妈能够让目标一直有一点挑战性，这就是最好的规划。因为这样做，孩子就不会因任务太困难而选择放弃，同时也不会觉得任务太简单，很快就失去兴趣。

说到根据孩子的能力来设置目标，我还有一点想跟家长们说。我知道很多爸爸妈妈都会焦虑，自己孩子学得比别人少怎么办？但是你仔细想想，孩子真的会因为比较早学习，或是学得比较多，就会有比较好的发展吗？如果孩子只是提早学习，但是并没有持续掌握这个优势，那么提早学习对孩子的帮助是有限的。**超越孩子发育程度的学习，很容易造成负面影响，最重要的就是会让孩子失去对这个素材的学习兴致**。

同样的，多学一点东西，如果没有掌握重点，也只能说是浪费时间罢了。要帮孩子做好的规划，才能真正有帮助。

如何提升孩子的规划能力

提升规划能力最好的方法，当然就是让孩子多练习，不过对于年纪太小的孩子来说，直接要求他做规划是很不容易的。因此，我会建议爸爸妈妈针对规划所涉及的过程，也就是计划建构列出的五条内容，通过亲子活动或游戏来加强对孩子的训练。虽然这不是直接的做法，但对提升孩子的规划能力也是有帮助的。

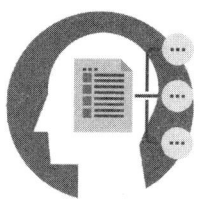

如何提升孩子的
规划能力

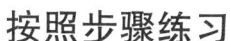

按照步骤练习　　　　　　解决突发状况

按指令搭积木（139页）　　天平倾斜了（145页）
按指令找东西（142页）　　破坏大王拆拆乐（146页）
餐桌小管家（P143）　　　准备去兜风（148页）

规划能力学习树

训练按照步骤完成任务

第一个要训练的,就是按照步骤完成任务的能力。往往孩子会觉得一件事情很难,是因为他们有太多不会的事情。

比方说,你请五岁小孩用手机订外卖,就会有很多的问题,因为他可能不知道要怎么解锁你的手机,不知道要用哪个应用程序,不知道要怎么选择外卖的商家,不知道要订多少,不知道要怎么完成订购的步骤……但如果能够把任务拆解成几个步骤,他其实是有机会可以完成的。至少在爸爸妈妈的引导下,孩子有能力可以完成用手机订外卖的一些步骤。

因此,我们要让孩子养成按部就班的好习惯,未来他要完成复杂任务的时候,就会知道要先把任务拆解,然后自己安排该怎么完成每个部分。

✅ **适合游戏:**

【按指令搭积木】

搭一个建筑作为模板,孩子不能照着模板重新搭一个,而是要听从指令搭积木。(139页)

【按指令找东西】

收拾屋子时,给孩子发指令,让他帮忙找东西。(142页)

【餐桌小管家】

让孩子当小管家,学会按步骤处理家务。(143页)

锻炼解决突发状况

第二个要训练的，就是解决突发状况的能力，这个过程对孩子做规划也是相当有帮助的。而且锻炼这个能力的同时，也能让孩子学会分析成功或失败的原因。

很多孩子从小在父母严格的管教下，很清楚在什么时候该做哪些事情。但是，我们这个世界常有很多大大小小的意外，如果孩子不能够适应这些突发状况，而做一些调整或改变，那么也很容易遇到挫折。所以，我们也要训练孩子学会面对突发的状况，让他们有能力找出另一种做法，思维也不会那么僵化。

 适合游戏：

【天平倾斜了】

在天平两边放不同的物品，注意要保证天平的平衡哦！（145页）

【破坏大王拆拆乐】

和孩子一起拆拼玩具，并注意寻找更好的方法。（146页）

【准备去兜风】

让孩子帮忙做旅行前的准备，提醒孩子要有一个备选方案哦。（148页）

规划能力游戏①【按指令搭积木】

在家里进行，不是看着搭，而是听指令做。

准备材料：积木，或者娃娃衣服

锻炼能力：规划的准备，语言理解，精细动作

难易度：●●○

简单来说，这个游戏就像是孩子玩积木时看着说明书，一步一步照着做，最后就能拼成一个有意思的东西。只不过在这个游戏中，你是孩子的"说明书"。

首先，问问孩子想搭建什么。

假设他想搭一座房子，你先自己搭一个，作为孩子之后搭建的模板。记得要一边搭建，一边把步骤告诉孩子。

"我要搭一个房子。想要房子搭得牢固，先要搭好地基，再一层层加高，然后在顶端放上屋顶。"同时你还可以跟他讨论："出门时，房子前面有没有台阶？晚上太暗了怎么办？我们在房子两边放两座灯柱吧。"这些其实是你规划的搭建房子的过程，孩子会在你的描述和你们的讨论中，潜移默化地学习。

注意要根据孩子的能力调整搭建难度哦！（根据孩子的表现，决定一次要增加几块积木。）在搭完后，你可以把房子用纸板隔起来，让孩子用剩下的积木重新搭一座一模一样的房子。如果剩的积木不够，你也可以拍下这栋建筑的照片，然后把它推倒，让孩子用所有的积木重新搭一个。

接下来就交给孩子了。孩子不能看你的作品的照片，只能根据听到的指令去搭建。

现在该你发指令了。如果孩子比较小，你可以一次递给他一块积木，告诉他"平放在前一块积木上"，或是"竖起来，放在上一块积木的左侧"。甚至可以给孩子看一眼照片，指一指照片中积木对应的位置。

如果孩子的语言理解能力很棒，你可以再增加难度，比如直接对他说："拿四块棕色的积木，两块平放在一起，另外两块搭在上面。这是房子的地基。

"把两根蓝色的长条柱子竖起来，搭在棕色地基的两边。要紧靠着地基哦！

"在柱子上有一盏灯，是球形的。

"找一找红色的门,放在房子两边,左边一扇,右边一扇。"

在搭建过程中,孩子每搭一步,你需要反馈他做得是否正确。而房子搭好后,可以拿开遮挡纸板,或是把照片给孩子,让他检查一下是不是一模一样。从平地到高楼,这是孩子最有成就感的时候。

[变化] 建筑师化身造型师　难易度:●●○

▲像这种照着图片叠高塔的玩具,也适合给孩子拿来做规划能力的训练,因为如果没有按正确的顺序,就叠不出一模一样的作品了。

这个游戏可以有很多种变化。如果孩子不喜欢玩积木，你也可以准备能够换衣服的娃娃，一次让娃娃穿上一个配件，请孩子把娃娃变成和照片中相同的样貌。

如此一来，孩子在按步骤完成任务的过程中，学习一步步缩短现状和目标的距离，也为以后独立规划做准备。

规划能力游戏②【按指令找东西】

在家里进行，我说你做，孩子是收纳小帮手。

准备材料：什么都不需要

锻炼能力：规划的准备，语言理解，记忆

难易度：●○○

这个游戏可以在收拾屋子的时候进行，以指令引导孩子按照步骤完成任务。在开始收拾屋子前，爸爸妈妈可以告诉孩子："屋子乱了就不美了，现在我们的目标是把客厅收拾干净，你是我的小帮手。首先我们得把客厅的垃圾捡起来，放进垃圾桶里，然后把放错位置的东西摆回原位。好了，现在我来说，你来做。"这种描述能让孩子明白活动的目标和基本步骤，其实是在教孩子做规划。

接下来，你可以给他发指令："拿起茶几左侧的遥控器，放到电视机旁边。"

"果盘后面有团废纸，请把它扔进垃圾桶。"

在游戏过程中，你的指令很重要。孩子的记忆能力有限，刚开始可以一次只说一种指令，比如，"请把沙发下面的书捡起来"。如果孩子能轻松完成，你再试着一次说两种指令，比如，"请把沙发下面的书捡起来，放到书架第二层"。

[进阶] 指令加入方位词　难易度：●●○

随着孩子的能力发展，逐渐升级你的指令。你还可以根据孩子的认知，加入方位词，比如"下面""左边""正中间"等。当孩子找到正确的东西后，别忘了鼓励他："真棒，你让房间更美丽了。"

如果孩子不肯参与活动，你可以用"过家家"的游戏来吸引他。比如，对孩子说："动物园走失了好几只动物，想请小侦探把它们找回来，你愿意帮忙吗？"或者说："垃圾桶这个大胃王又饿了，你知道，它最喜欢吃垃圾，你愿意帮忙把它喂饱吗？"这种游戏会让孩子更有兴趣。

你会发现，找东西的游戏既能锻炼孩子的方位感和健康管理能力，同时能让孩子懂得聆听指令，增强孩子的语言理解能力和执行能力。在这个过程中，孩子也在学习怎样一步步地实现目标。

规划能力游戏③【餐桌小管家】

随时随地都能玩，饭前进行，恰好一举两得。

准备材料：什么都不需要

锻炼能力：规划，问题解决

难易度：●●○

其实这个活动在饭前做就可以了。邀请孩子来做"餐桌小管家"，负责餐桌布置和餐具的摆放。

你可以引导孩子思考有几个人用餐，怎么安排座位，要准备哪些东西，数量是多少，等等，先大致有一个规划。以下是简单模拟活动中，妈妈和小管家的对话。

妈妈："快开饭了，小管家应该做些什么呢？"

孩子："要摆椅子。"

妈妈："要摆多少把椅子呢？我们一起来数一数吧。"

然后开始和孩子一个一个数，家里加上小朋友自己，总共有五个人。小管家负责拖出五把小椅子。

妈妈："还需要什么呢？"

如果孩子说不出来，可以给他一点提示。

妈妈："我们用什么吃饭呢？"

孩子："用碗吃饭。"

适时提问，看孩子是否记得刚才数的数。

妈妈："那我们需要多少个碗？"

另外，可以再提醒孩子注意一些细节，比如需不需要摆上给宝宝用的儿童餐具和安全座椅，需不需要拿杯子盛饮料。在摆放过程中，还可以引导孩子具体思考不同家庭成员的需求，问他爷爷喜欢哪个杯子，叔叔是左撇子怎么办，弟弟的椅子应该放在哪里，是否需要酒杯，等等。

建议可以从日常的餐桌摆放开始，等孩子完成得比较好以后，再让他尝试摆放多人聚会的餐桌。

你也许注意到了，当爸爸妈妈给孩子一些权力，比如让他做"小当家""小侦探""小管家"，他会更有掌控感，参与的兴趣也更浓。等到孩子摆好餐桌，记得感谢他的帮助，还可以提醒他，小管家要带头好好吃饭，不可以挑食哦。

[变化] 在不同场景化身小管家　难易度：●●○

除了做饭前准备，孩子还可以做家务小管家、旅行小管家。比如在引导孩子整理衣物时，问他："衣架上的衣服干了，该怎么办呢？"

然后按步骤引导他：第一步是收衣服，然后把上衣、裤子、袜子叠好，叠好后记得顺手进行分类，最后要把不同的衣服分别放在对应的地方。

别看这只是件小事，孩子通过类似这样的锻炼，学会了寻找更高效的方法，为独立规划做准备。

规划能力游戏④【天平倾斜了】
在家里进行，自制教具，或利用现成桌游。

准备材料：书、尺或天平，玩具

锻炼能力：规划，数学学习，科学思维

难易度：●○○

天平倾斜了

如果家里有天平就可以直接开始游戏了。没有也没关系，可以准备一本有点厚度的精装书，加上一把三十厘米的尺，先跟孩子一起做个简易天平。

做法是把书竖起来，书脊向上，然后把尺放上去，注意两边保持平衡。游戏前先在尺的两侧末端摆上同样大小、重量的东西，让孩子看到这样的状况是平衡的。这也是游戏的预期目标。

接着把其中一端的东西拿走,然后给孩子一些大小、重量不一的东西,比如一边放块积木,一边放一本书。孩子会发现,天平歪了。

请孩子想想要怎么让这个天平重新恢复平衡(桌上可以放一些玩具)。而孩子要让天平平衡,得评估天平两边重量的差异,他要知道积木和书到底谁重谁轻,差别有多大,然后动手增加或者移除一些物体。所以,这个游戏还可以培养孩子的科学思维。

在孩子操作前,你可以问问他,打算做什么让天平恢复平衡。

"先把书和积木都拿下来,用左右手托着,比较一下轻重。然后在轻的那边加些东西,比如积木、小弹珠等。"孩子也许会这样规划。

爸爸妈妈可以让孩子按自己的想法试试,看看能否成功。然后问他有没有其他的解决方法,比如移动尺,让书两侧的尺长短不同。当天平重新平衡后,记得恭喜孩子达成预期目标。

如果觉得自制天平太麻烦,也可以直接购买类似的桌游产品。比如"豆豆跷跷板",不仅让孩子要考虑豆子的重量差别,还加入了杠杆原理;还有"小狗数字天平",在教孩子平衡的同时,学习数量的加减。家长可以和孩子一起玩这些游戏,提高孩子的规划力。

规划能力游戏⑤【破坏大王拆拆乐】

在家里进行,旧玩具也有创意新用途。

准备材料:玩具,螺丝刀、起子等工具

锻炼能力:规划,精细运动,解决问题

难易度:●●○

家里有闲置的玩具别扔掉，和孩子一起拆拆拼拼，也可以锻炼他们解决问题的能力。（注意，一些含有细小零部件的玩具在拆解时要充分考虑安全性。）

首先，和孩子一起拆解闲置玩具，用螺丝刀、起子等工具打开，看看玩具里都有什么。鼓励孩子仔细观察玩具内部各个零件的构造和摆放位置，以便拆解玩具后，再重新把零件组装回去。（可拍下玩具内部结构，方便之后恢复玩具构造。）

然后和孩子一起把零件一个一个拆出来。为了降低重组玩具的难度，拆下的零件要注意按顺序放好，爸爸妈妈也可以用手机拍照，以便记住取出的顺序。一边拆解玩具，一边和孩子讨论不同零件的用途，不妨让孩子先猜一猜，再告诉他零件的名称和用途。如果不太清楚，可以跟孩子一起查阅资料。

比如拆一个音乐盒，问孩子机芯里大滚筒上的小尖尖（突刺）是做什么用的。如果孩子不清楚，你可以慢慢地摇动把手，上发条，让孩子仔细观察。他会发现，不同位置的小尖尖依次弹动簧片，发出一个个不同的声音。

充分研究各个零件后，就到了最难的环节——将玩具复原！这是锻炼孩子规划能力的好时机。因为在组装时，孩子需要想到先安装哪些部分，再安装哪些部分。如果拆开的玩具装不回去，也没有关系，重要的是拆解、研究和尝试组装的过程。

我和老大拆过一辆发光的玩具小车。这个车是小狗的样子，有一对会闪光的耳朵。我们把小狗的腿、耳朵、头拆开，发现耳朵上有个灯管，有电线相连。因为耳朵闪的光太亮了，我把这根电线剪断了。

接着，老大负责把小狗装回去。他先把腿调到合适的位置，让我帮他拧紧螺丝。这时意外发生了，狗的耳朵和头都不能回到正确位置。我提醒他，先拧紧螺丝，狗狗的耳朵和头就没办法卡进卡槽里了。于是他又让我转开螺丝，我们一起先把所有部位卡在合适的位置，最后重新把螺丝拧紧。这下终于成功了。

[进阶] 把零件当乐高组合出新玩具　难易度：●●●

这个游戏非常适合动手能力强的人。你还可以鼓励孩子将几个玩具拆开，发挥创意重新组合，看看能否组合出新的玩具。但要注意的是，在拆电子产品的时候，要确认电子设备没有接上电源，一定要保证安全！

规划能力游戏⑥【准备去兜风】

在家里进行，做好准备才能快乐出游。

准备材料：旅行用品

锻炼能力：规划，解决问题

难易度：●●○

生活中的各种活动，是锻炼孩子规划能力的最佳时机。比如要带孩子出去玩之前，不妨让他自己试着做旅游计划。

[计划A] 孩子自己准备背包

你可以给孩子一个包包，请他把自己需要的东西放进去。虽然孩子会带一些奇怪的东西，但只要不是太夸张，我们都该让孩子有机会自己做决定。

另外，如果爸爸妈妈发现孩子的背包欠缺一些东西，也不要帮他补上，而是要在隔天出去玩的时候再告诉他，我们没有带这样东西，所以现在没办法做某件事。比如没有带泳衣,就不能去露天游泳池玩水。

这样的经验会给孩子留下深刻的印象,他们之后就会知道要规划出去玩需要准备哪些东西。

我和太太一年大概会带孩子出远门两三次,从孩子三岁开始,就让他们自己准备一个背包,里面放他们要拿来打发时间的东西,孩子一般就会带玩具、书等。从一开始没什么经验,到后来两个孩子越来越熟练,我觉得这是相当好的学习方式。

记得第一次带孩子出国玩,老大硬是要带一大堆玩具,我们已经告诉他,这样会很重,没有人会帮他拿这个包,他还是坚持自己的想法。后来真的吃了苦头,之后他就不会再做这样的事情了。

[计划B] 孩子的备选方案

还有,旅行的时候总会有些意外,包括天气、交通变化等。你可以引导孩子想想,遇到这些意外情况怎么办呢?比如遇到下雨天怎么办?孩子可能会说撑伞,或是穿雨鞋。那遇上大太阳怎么办?迷路了怎么办?引导孩子一一思考这些意外,以后他就会知道,旅行时总会需要一个备选方案。

说到这个,我要向爸爸妈妈们推荐"大吉象和小猪宝"系列绘本的《让我们开车去旅行》(*Let's Go for a Drive!*)。这本绘本讲的是大吉象和小猪宝做旅行计划的爆笑故事。如果家里有这本书,你可以和孩子先读绘本,然后问他决定带什么行李。每次孩子回答后,你可以再扩充他的答案。比如听完孩子说了要带的一堆东西后,你可以补充说:"那我们用什么来装东西呢?"提醒孩子还需要带一个行李箱,这样孩子以后在规划时就会想得更全面。

最后,我想强调的一点是,**要训练孩子规划能力最好的方式,就是自己身体**

力行，做任何事情都要有所规划。

如果爸爸妈妈可以在规划的时候，同时告诉孩子，你现在是用什么方式做规划，那就更好了。孩子都是很会模仿的，如果你总是没有规划，想到什么就做什么，要训练孩子有好的规划能力就比较难了。

 心理学家爸爸之单元小任务

在这个单元中，介绍了几个可以提升孩子规划能力的游戏。请选择其中一个游戏和孩子进行互动，并用表格记录过程（例如孩子对于任务的执行情况，或是你的感想等）。

【多选题】以下培养规划能力的方法，有哪些不恰当？（　　　）

A. 制订适合孩子发育程度的训练方法。

B. 玩积木时，给孩子设定很难的目标。

C. 明天要出去玩，给孩子一个包包，请孩子放入自己需要的东西。当爸爸妈妈发现孩子少拿了一个东西时，需要帮他们补上。

D. 在日常生活中，可以安排孩子帮忙做一些他们力所能及的事情。

E. "时间"这个概念太抽象了，所以对于时间的规划还是应该由大人来做。

（表格范例、答案见210页）

第3部分
运用行为科学让孩子自主学习

在第2部分介绍了五种与学习相关的能力,
但其实更多的时候,
学习效果不佳,
并不是孩子那五种能力不够好,
而是其他的因素影响的。
在这个部分,
我就要跟大家谈谈这些影响学习的因素,
以及要怎么善用这些因素,
来提升孩子对学习的兴趣,进而提升学习成效。

第八章 没有动机，怎么可能学得好

对学习影响最重要的因素就是动机，一个人如果没有学习动机，那么学习效率会很低，而且学习成效可能会很差。现在的社会环境里各式各样的诱惑很多，要引导孩子去学习更是难上加难，无论你要孩子学习的是一项技能，还是数学、英文等学科。

我家老二现在还在念幼儿园，明明在幼儿园基本上都是玩，他居然还会时不时地嚷嚷不想上学。当然，这个不想上学并不表示他不想学习，而是对幼儿园的一些环节感到厌烦，所以才会说不想上学。

不过，因为现在有太多事物分散孩子的注意力了，我们不太可能用上一代说服我们的方式，来说服孩子去学习。我想很多人小时候都听爸爸妈妈说过"要好好读书，以后才会有前途"。这个说法，你如果拿来跟自己的孩子说，恐怕会被孩子笑呢！

不同类型的动机

有的孩子喜欢火车，只要看到火车，就想了解跟这列火车有关的所有事情。这样的情况就是由于孩子有所谓的**内在动机**，他对于完成某件事情是有热情的，所以会主动想去做这件事情。

另外会有一些孩子，他可能对火车并没有特别的爱好，但是到了火车博物馆，为了完成活动换取奖品，会想办法了解与火车相关的知识。这样的情况就是源于孩子有所谓的**外在动机**，为了获得好处，所以去做这件事情。

还有一些孩子对某件事情其实是有兴趣的，但是如果没有人推他一把，或是给他一点好处，他就不会主动追求。像这样的情况，就是孩子**已有部分的内在动机，但是必须伴随着一些外在动机**，才会转变为行动。

跳脱内在和外在动机的框架

不过有学者认为，动机应该不只分为内在动机与外在动机两种，还有一种介于中间的**成就动机**。有些成就动机往往会被当成内在动机，就像一个孩子自动自发地学习，在没有任何人给予奖赏的情况下，还是愿意去做这件事情，我们就很容易误以为这是孩子的内在动机在驱动，但其实这是孩子的成就动机在起作用。

而在一些情况下，孩子可能有高成就动机，但是并没有内在动机，例如一个孩子在没有外在奖惩的状况下，明明不喜欢数学，但还是愿意花时间学习数学，就是如此。如果我们把所有没有外在奖惩的状况都视为内在动机在作用，那么就不合适了。因为对于不同的孩子，光是其内在动机与成就动机就有四种不同的高低组合，也意味着我们应该用四种不同的脚本，分别和这些孩子互动：

（1）面对内在动机与成就动机都高的孩子

你该做的是引导他有个远大的梦想，让他多接触一些名人的故事，也可以适时提供一些协助，让孩子在筑梦过程中能减少一些阻碍。

（2）面对高内在动机、低成就动机的孩子

若你要鼓励他学习，要着重于让他更喜欢这件事情，而不是强调把这件事情做好是多么棒。

（3）面对低内在动机、高成就动机的孩子

若你要鼓励他学习，就要强调把这件事情做好是很棒的一件事情，不用花太多心力提升孩子对于这件事情的喜好。

（4）面对内在动机与成就动机都低的孩子

你可以考虑先用外在动机，并且考量孩子的特质，逐步引导孩子学习。

其实不仅内在动机和成就动机容易被搞混，很多时候成就动机和外在动机也容易交融在一起。像是对于一个自我要求高的孩子，你又使用奖励来激励他有更好的表现，那到底是成就动机还是外在动机造成的效果呢？

因此，面对这样复杂的情况，爸爸妈妈们也不用纠结：自己是不是只能诱发孩子的某项动机，而不应该诱发其他的动机。我们养育孩子不是在做严谨的研究，也不是在比赛，所以**该多考量孩子的状态**，尽可能多管齐下，让孩子能够在最合适的环境下成长。

专家都说外在动机不好，真的吗？

谈到提升外在动机，我们很容易想到利用孩子喜欢的玩具或食物当作奖励，来提高孩子做某些事情的动机。

但是，有很多育儿文章都会告诫父母，"外在动机是恶魔，千万不要使用，否则会降低孩子的内在动机，而且如果外在动机消失了，孩子就会丧失动机。"

这个说法是对的吗？其实这里面包含好几个议题，接下来我带大家一一拆解。

到底该不该用外在动机？

在回答这个问题之前，我想各位要想清楚，到底你使用外在动机的目的是什么？因为目的不同，答案可能也会不一样。

（1）鼓励孩子做原本不想做的事

多数时候我们使用外在动机，一般都是希望孩子做一些他原本不想做的事情。而针对这些孩子不想做的事情，你可以放心激发孩子的外在动机，因为研究发现：外在动机能有效改善行为。

（2）引导孩子做原本就喜欢做的事

但是，如果你想要用外在动机来引导孩子做一件他原本就喜欢做的事情，那么就不建议了。在1971年就有研究发现，如果**你用外在动机鼓励人们做一件他原本就喜欢做的事情，当这个外在动机消失的时候，人们想做这件事情的动机反而会下降**。这个研究的结论，也是不少专家会反对外在动机的原因。

外在动机消失后，孩子就不会想做那件事情了吗？

简单来说，外在动机对人们行为的影响，就是依赖操作制约的原理，也就是通过给予奖励的方式，来提高做某件事的动机。

而过去针对操作制约的研究屡屡发现，当奖励消失之后，那个特定的行为还是会发生，只是如果奖励一直没有出现，被制约的行为才会完全消失。也就是说，外在动机消失之后，孩子就不会继续做那个被制约的行为了。所以，以下两种情况答案也不一样。

（1）养成孩子做某件事情的习惯

如果你可以利用外在动机，让孩子把做某件特定的事情变成习惯，你就不需要担心外在动机存在与否这件事情了。

人要形成一个新的习惯不容易，但是习惯一旦养成了，要改变这个习惯也不容易。就像有些人会说，只要持续做一件事情二十一天，做这件事情就会变成你的习惯，也是有一番道理的。很多商家提供的一个月免费试用，其实就是利用这样的道理，通过"免费"这个外在动机让人养成习惯，进而产生动机想要去使用他们的产品。

（2）降低孩子做某件事情的频率

但是，如果你是用一个奖赏来降低孩子做某件事情的频率，那么又是另外一回事了。在这个情形下，你提供的奖赏性质就变了，运作的机制和养成做某件事的习惯是不同的。

在这种情境下，一旦没有好处，行为又会再度出现。所以，我并不建议爸爸妈妈用交换条件的方式，来降低孩子做不好行为的频率。 例如，你不应该跟孩子说"如果你不打弟弟，就可以得到一个小礼物"，或是"如果你没有被老师打小报告，我就带你去游乐园玩"之类的话。

该用什么样的奖赏来诱发外在动机？

物质的奖赏是最不推荐的，但因为孩子对于摸得到的东西比较有感觉，所以物质的奖赏通常效果会比较好。但是，物质奖赏的坏处真的太多了，孩子可能会因此养成过于功利的性格，也可能会对某些东西产生迷恋。

有不少人会拿糖果、巧克力等食物作为奖赏，除了前面说的一些不好的影响，对孩子的饮食健康也是一大风险。因为当你用这类不健康的东西作为奖赏，孩子很容易会觉得这些东西是好的，那么他要多吃好的东西，结果健康的食物都不吃，反而吃了一些高糖、高油、高热量的东西。

比较合适的奖赏是口头的肯定，或是一些不能具体价格化的东西，但要注意这个奖赏是孩子喜欢的东西，否则就不会有效果了。你也可用集"点"换礼物的方式来奖赏，例如，帮忙做家务可获得一点，集五点就可以换一次去游乐园的机会，如果集了二十点，可以换一次全家一起过夜旅游，这种做法除了可以强化孩子的外在动机，也是对决策判断、自我控制很好的训练。

该怎么激发孩子的内在动机？

前面提到所谓的内在动机，指的是孩子因为喜欢某件事情而愿意去做。因此，如果你希望孩子喜欢上学习某一技能或是学科，就要想办法让他们对这一技能或学科产生兴趣。

联结奖赏和行为

要做到让孩子对某项学习任务感兴趣，一开始可以用一些奖赏，让孩子喜欢上这件事情，甚至扭转对这件事情的好恶。如果你要利用奖赏来改善内在动机，记得要**让两件事情接连发生**，否则孩子很难把奖赏和行为联结在一起，也就不会有效果了。套用这样的做法时，你不要先告知孩子会有奖赏，否则就和使用外在动机没有差别。你是要让孩子主动把奖赏和行为联结在一起，也就是利用所谓的古典制约模式。

让学习变成有趣的事

除此之外,你也可以想办法让这件事情本身变得吸引人,这样也会提升孩子的喜好。例如,有些家长为了让孩子学习英文,会让他们去上一些英文桌游班或是英文绘本、唱游班,都是想用孩子本来就比较感兴趣的学习方式来提升他们对于英文的内在学习动机。这样的做法虽然不错,但也有一个风险,就是孩子可能会本末倒置,把焦点放在游戏、玩乐上,而不是在你希望的学习英文上。

善用孩子的模仿习性

你也可以善用孩子爱模仿的天性,拿自己当被模仿的对象,或是让孩子看一部电影或动画片,用里面的角色作为被模仿对象。这个做法虽然间接,但往往会发挥很大的影响力。

有不少孩子都莫名地跟爸爸妈妈有同样的喜好。比如我家孩子因为常常看我做饭,对于烹饪这件事情很感兴趣,这就是一个成功的例子。不过也有失败的例子,两个孩子都没有因为爸爸喜欢米菲兔而对米菲兔有好感,只有老二讨好爸爸的时候会说:"米菲兔好可爱喔!"

接受每个孩子都有其极限

我想每一位爸爸妈妈都希望孩子能够充满学习热忱,对于所有的事情都感兴趣。但如果孩子对每一件事情都感兴趣,你可能又会有别的困扰,比如担心孩子是不是都能够兼顾,以及孩子是不是会太累等。

不过大概只有极少数的孩子,对于所有的事情都感兴趣,而且愿意投入时间、精力去探索。这一类孩子有可能在各个方面都有很卓越的表现，而且未来的发展也相当好。

但是，多数的孩子不会如此。有的孩子就是没有成就动机，对于他不想做的事情，你就算给他再诱人的奖赏，他可能都兴趣索然；有的孩子则是能力有限，你也看得出来他尽力了，但是毕竟先天上就有所不足，所以还是没办法有好的表现。

我们必须要知道，自己的孩子在什么样的位置，面对哪些事情，我们可以多做一些要求；对于哪些事情，我们可能就要稍微放手，因为额外的要求不仅事倍功半，还会破坏亲子关系。

有些爸爸妈妈会有一个误区，认为孩子就是要被要求的，没有不能被要求的孩子。这些爸爸妈妈会认为，连猴子都可以被训练骑自行车了，自己怎么可能没办法要求孩子做到某些事情。我相信通过制约的方式，你可以把孩子调教到某一个水准，但是可能要付出很多的代价，像是亲子关系紧张、孩子半途而废等。

与其帮孩子设定与自身能力不符合的期待，我们更应该根据孩子的状态，帮自己和孩子做心理调适。若你知道孩子肢体协调性不大好，在体能活动方面过得去就好，不必刻意要求他一定要找到适合自己的运动，然后在这项运动上发光发热。你要知道，每个人的时间、精力都是有限的，与其投注太多在自己不擅长的事物上，还不如把同样的时间和精力花在自己擅长且有兴趣的事物上。

心理学家爸爸之单元小任务

和孩子一起讨论他做不同事情的动机。

【是非题】

（　）1. 外在动机是不好的，所以绝对不能用外在动机来鼓励孩子。

（　）2. 孩子自我要求高，凡事都想做到尽善尽美，只因为他有强大的内在动机。

（　）3. 只要多管齐下，都有机会提升孩子做某一件事情的动机。

（讨论表格、答案见211页）

第九章　帮孩子培养一些好习惯，让他们受用一辈子

前一章介绍外在动机时，我提到了一些外在动机会通过习惯的养成对学习造成影响。习惯对人的影响是深远的，而且习惯养成后，几乎是在毫不费力的状况下对人造成影响。所以，若孩子能够养成一些有助于学习的好习惯，对他们来说是终身受用的。

那么，哪些是有助于学习的好习惯？

（1）保持主动学习的心；

（2）串联知识点；

（3）事前预习，事后复习。

保持主动学习的心

针对学习这件事情，最重要的就是保有一颗主动学习的心，不论是在校园或是已离开校园。而要让自己可以持续主动学习，必须**要时时保持一颗好奇心，不论是对于熟悉或陌生的事物，都有想要一探究竟的念头。**

孩子出生的时候，都是充满好奇心的，但是这样的好奇心太耗费能量了，所以随着孩子年纪的增长，胡乱探索的行为本来就会减少。另外，父母与孩子的负面互动，也会让孩子逐渐丧失好奇心，比如孩子在家里乱翻东西，你就把他抱离现场，会让他觉得自己做这件事情是你不喜欢的，以后他就会降低翻东西的频率。

如果你不希望孩子越大越没有好奇心，教养的关键就在于"开心"和耐心。

开放的心，不囿于成见

所谓的"开心"，是要有一颗开放的心，不要对事情有太多的既定印象，而且不要总期待孩子跟你有同样的想法。举个例子来说，请先想象以下对话：

"爸，我今天想去公园玩。"

"不行，明天还要上课，我们不能去公园玩。"

"可是现在还这么早，我作业都写完了，我们只要早点回来就可以啦。"

"不行，说不行就不行，你不知道大人上班很累吗？"

"反正你去公园也可以玩手机放松，只是陪我们去而已，拜托啦。"

很多时候大人强硬地做出规定，根本就是因为自己懒惰，或是不想冒险，所以就随便糊弄孩子。但如果你太常用这样的方式和孩子互动，孩子就会越来越无聊。这意思不是说孩子自己会觉得无聊，而是他会变成一个很乖、不调皮的无聊孩子。

这些孩子或许不会完全不学习，但是大概也只会完成你所规定要学习的事物，其他时候休息都来不及了，才不会想要进一步去做什么探索。如果大家看过新版的《小王子》（*The Little Prince*）动画电影，相信对于片中那个小女孩一定印象深刻，她的母亲就是从小帮她规划好了非常缜密的成功攻略，不论是学科，或是才艺的学习，都经过一番规划，为的就是让她可以如预期进入名校、有好的成就。但是这个小女孩只会完成母亲的任务，没有自己的探索。

耐心是教养必修课

至于第二个心——耐心，大家应该比较不陌生，但是要做有耐心的父母，也真的不是容易的事情。

在我们家,我对于孩子的提问,总是尽可能认真回应,但是有时候实在很累,或是孩子一直重复问同样的问题,确实还是会有点恼火。这时我就会先跟孩子举白旗,争取一些缓冲的时间,不要把自己当下的负面情绪发泄到孩子身上。

有时候我还会选择另一种做法,就是有点糊弄地说"嗯嗯,对对",这样的做法有些时候会成功,但还是有风险,因为孩子可能之后会举证说:"爸爸,你上次明明说世界上还有活的恐龙,怎么现在又说没有了呢?"这时我才惊觉,原来自己在"嗯嗯,对对"之时,让孩子留下了一些错误的印象。

前面谈到这两个"心"时,爸爸妈妈的角色都是比较被动的,但我们也可以主动出击,来提升孩子的好奇心。例如你可以多问孩子"为什么",但要记得在问的时候,专心听他们的回答。有时候孩子其实有回答,但是你没有听到,你要求孩子再讲一次,他可能就觉得不耐烦,而不愿意说了。

另外,你也可以设一些局,请孩子协助解决一个困难,不过演技要好一点,不然孩子没几次就识破,会觉得你根本就是装的。为了避免穿帮,可以故意做一些事情影响孩子,然后问他:"我们现在要怎么解决这件事情呢?"你也不要急着给答案,请孩子想一些做法,然后你们一起去尝试,看看哪一个才是最好的答案。

串联知识点

孩子在学习的时候,很容易只见树不见林,自我局限。例如,觉得某个词只有一种意义,除非老师告诉他们,否则孩子不愿意相信这个词有不同的意义。在学科学习这件事情上,学校老师扮演的角色真的非常重要,因为多数孩子都把老师的话当作圣旨，不像爸爸妈妈讲的话，都是左耳进右耳出。

即便如此，我们还是要想办法**帮孩子串联知识点，让他们知道某一种能力，不是只在特定的领域才有用**。就拿认识数字为例，有些孩子很坚持数字只能用在数学上，在其他地方都没有用。你要想办法让孩子知道，数字在不同地方会有不同的用意，以具象的方式来教孩子：

（1）上餐厅时，让孩子看到桌上有数字标示的桌号，是方便服务生上菜的；

（2）体重计或是磅秤上面的数字，代表的是重量；

（3）温度计上的数字，代表的是温度；

（4）电梯里面看到的数字，代表的是楼层；

（5）账单上的数字，代表的是金额。

你也可以提醒孩子，有些地方的数字和课本上的数字是同样的用法，像是账单上的数字，所以他也可以帮忙算算看要付多少钱。

相较于数学，语言的学习更需要知识点的串联。

汉字博大精深，如果认定每个字词都只有一个解释，那就太可惜了。"文字接龙"对孩子来说就是很好的训练，一开始从比较宽松的规则玩起，只要两个词之间有一个字的音相同，音调不同也可以。像是"书包"之后，可以接上"报纸"，因为"包"和"报"的音是一样的。

孩子比较熟悉之后，你可以规定一定要音调也相同才算数。更进阶的玩法，就是要和前一个词的最后一个字音调相同的字才可以接，像是"书包"之后接上"包子"，但是不能接"宝贝"或是"报纸"。

知识点的串联也不是仅限于单一的领域，而是可以结合不同领域的，这对孩子来说会更受用。明朝程大位的著作《算法统宗》就结合了古文的理解和数学运算，让孩子同时做两种训练，非常有意思。你可以鼓励孩子，仿照程大位的做法，出一些类似的谜题让爸爸妈妈回答。比如《算法统宗》里面有这样一道题目：

赵嫂自言快绩麻，李宅张家雇了她。

李宅六斤十二两，二斤四两是张家。

共织七十二尺布，二人分布闹喧哗。

借问卿中能算士，如何分得布无差。

白话翻译就是：赵嫂自称是织布快手，李姓、张姓两户人家都雇用了她，李家提供了六斤（此处一斤为十六两）十二两（合一百零八两）的材料，而张家则是提供二斤四两（合三十六两）的材料。后来赵嫂共织了七十二尺布，两户人家为了怎么分布吵了起来。请问要怎么分才公平呢？

要解这道题目，必须先算出两户人家各提供原料的比例，就会发现是三比一。所以七十二尺布，要分给李家五十四尺、张家十八尺，才是公平的。

帮孩子系统地串联知识点

帮孩子系统地串联知识点最好的方法，就是给孩子一个要完成的任务，然后帮孩子分析，要完成这个任务，必须完成哪些步骤。比方说，我们可以问孩子："如果要帮唐朝大美女杨贵妃规划一个饮食方案，让她可以有标准的体形，该怎么做呢？"

要完成这个任务，孩子就需要知道：

（1）杨贵妃是谁？

（2）杨贵妃的身高、体重。

（3）何谓标准的体形？

（4）若在唐朝那个年代，有哪些食物可选择？

（5）怎么样算是健康的饮食？

除了分别找到答案之外，孩子还需要汇整这些知识，才能够提出好的方案。爸爸妈妈可以**找一些孩子可能会感兴趣的主题，让他们通过找答案的过程，练习把知识点串联起来，不要落入思考僵化的困境**。

其实习惯本身和学习是密不可分的。甚至可以说"每一种学习，都是大脑神经元之间联结的习惯养成"，也就是这些神经元在遇到某一个特定的事物时，都会共同有反应。

事前预习，事后复习

说到"事前预习，事后复习"，实在有点陈词滥调了，但你是怎么帮孩子预习以及复习的呢？

如果你帮孩子做的预习和复习，是课前先带孩子看过一次课本，课后再让他做测试卷，那么你只做对了一半。本质上，你只是让孩子重复学习同样的素材，虽然这样的做法对孩子把这些知识保留在长时记忆里也是有帮助的，但并没有收到预习、复习该发挥的作用。

怎么做才是好的预习？

好的预习是让孩子知道，这个新学习的知识和哪些他已经学过的知识是有关联性的。就像学习英文，已经学过表示数字二十几的英文单词之后，在学习三十几、四十几的英文单词时，就可以让孩子知道，后半部其实是相同的，只要前面加上不同的开头就可以了。

当然你可以用比较活泼的方式，以讲故事或是玩游戏的做法来开场，让孩子不会觉得是在预习，反而感觉像是在玩，效果会更好。

怎么做才是好的复习？

同理，**好的复习是让孩子想办法把新的知识和既有的知识建立关联**。以英文数字学习为例，孩子可以利用的一个知识点，就是英文单词有时候是有规律性地组合其他单词，例如：三十二就是三十加上二；还有，要描述捕鱼的人，就是鱼加上人；售货员就是卖东西加上人……这样的举例或许扯得比较远一些，但其实就是和既有的知识系统产生越多关联越好。用白话来说，就是要能融会贯通，举一反三，而不是只能够把新学的知识完整地复述出来。

最后我要强调的是，预习和复习适用于所有事物的学习，不是只有在学科学习的时候才需要。让孩子养成预习、复习的习惯，他们在学习新知识的时候，必定会更事半功倍。

 心理学家爸爸之单元小任务

1. 帮孩子的学习习惯做检查。
2. 针对三个学习习惯的养成，跟孩子讨论实践的方案。

（学习检查及讨论表格见211、212页）

第十章 管好自己的情绪，学习更高效

越来越多的孩子有厌学的状况，这除了跟他们的动机低落有关系，和他们的情绪也有关系。孩子对于他们想要做的事情，除了有较强的动机之外，想到要做这件事，或是在做这件事情的时候，情绪都是比较正面的。但如果是他们不想做的事情，光是想到要做，连开始都还没开始，就会让他们愁容满面。有些孩子的状态更严重，会有焦虑、忧郁的状况，大部分的精力都放在处理自己的情绪上，没有太多剩余的精力可以投入学习，所以通常学习成效也很差。

让孩子关心学习就够了吗？

虽然厌学的孩子，因为不开心，学习成效不好。但这并不表示，孩子在越快乐、越享受的情况下，学习会有越好的效果。这其实取决于孩子本身的激发程度。

通俗一点来解释"激发程度"，就是一个人到底有没有活力，做事起不起劲。孩子有可能在快乐的情绪下，但是激发程度是低的，也就是处于比较恬适满足的状态；也有可能在快乐的情绪下，且激发程度是高的，也就是处于很兴奋的状态。太低或是太高的激发程度，对于学习都是不好的，居中的激发程度，才能让孩子有最好的学习成效。

而所谓居中的激发程度，听起来有点抽象，实际上没那么难以理解，爸爸妈

妈只要确保孩子不是在太亢奋的状况下，然后也不是哭丧着一张脸在做事情，就可以算是居中的激发程度。

虽然孩子对于很想学会的东西，通常伴随着开心的情绪（像我家老大很喜欢空竹，总是满心期盼周五下午空竹课的到来），但是这并不表示孩子开心的时候，就会有比较强的学习动机。孩子有可能只是很开心，但是这个开心和学习是没有关系的，像是你让一个开心的孩子学习一项他不喜欢的才艺，那个开心的情绪马上就会转变为不开心的情绪。你当然可以想办法让孩子一直都维持开心的情绪，他有可能就愿意多坚持学习一段时间，可是这样的做法太没有效率了。

情绪与学习成效

正向、负向的情绪状态，会让人处在不同的思考模式下，而同一个思考模式在不同的学习上各有优劣。

一般来说，正向情绪会引发比较**发散的思考模式**，而这类思考模式比较适合需要创造力、天马行空的想象力的学习范畴，像是艺术创作，就比较依赖发散性的思考模式。相对的，负向情绪则会引发比较**分析式的思考模式**，这类思考模式的效率或许比较低，但是会做比较缜密的分析，所以适合需要处理细节的学习。

如果大家看过动画电影《头脑特工队》（*Inside Out*），应该记得片中代表悲伤情绪的忧忧，就因为其处在负向情绪中，所以把说明书完整读完了，带大家找到了出路，这跟人在负向情绪下的思考模式有关系。当然，电影里也描述了忧忧的思考是比较僵化的，不知道变通，这也是处在负向情绪下时会伴随而来的产物。

要促进学习，绝对不是只要让孩子开心就好，要看孩子真正学习的是什么。

一些依赖反复练习的学习，像是体育项目等，依赖高度纯熟的技巧，所以在负向情绪下也会有比较好的学习成效。或许这就是为什么体育教练常常一开始都是摆臭脸，就是要让孩子在有点紧张、有点焦虑的状况下，聚精会神地学习。

我曾经带我家老二去体验儿童足球，但是可能没有做好心理建设，他觉得教练太凶了，才体验十分钟就哭着要回家。所以，**每种情绪固然有被利用来学习的适合领域，但还是需要考量孩子的个体差异，才能恰当使用情绪来提升孩子的学习成效。**

打造愉悦的学习体验

虽然说孩子开心，不一定就学得好，但是愉悦的学习体验，至少开启了学习的契机，让孩子有可能想要继续去学习。所以，家长和老师要想办法营造一个愉悦的学习环境，不只是软件的，还有硬件的，对于孩子学习都有不可磨灭的效果。至于要如何营造愉悦的学习环境，可参考以下四点法则：

法则一：让孩子觉得这件事和他有关系

孩子很多时候不一定是不想学习，而是他不知道为什么要学习，或是觉得自己已经学会了。因此，要打造一个愉悦的学习环境，最重要的就是让孩子觉得学习和他自己是有关系的，而不是为了爸爸妈妈而学习。

一些教学经验丰富的老师，会用领唱或是互动式提问的做法，引发孩子对学习的渴望。一旦孩子觉得这件事情和他有关系，心态是完全不同的，即使遇上了困难，也会比较愿意接受挑战，而不是选择放弃。

法则二：循序渐进地学习

要让孩子喜欢学习的过程，绝对不是揠苗助长或是放手不管，你必须**要让孩子在有一点挑战的环境下学习，**他们才会有最好的学习成效。无论是学习学科知识或是才艺都是如此。你可以先稍微了解孩子的程度，再开始导入合适的学习素材，不要偷懒地采用别人制式化的指标，否则可能会扼杀孩子的学习动机。

法则三：安排学以致用的场合

虽然有点现实，但是如果可以安排让孩子能学以致用的场合，会让整个学习体验很有成就感，孩子也会非常满足。当然，也要留意不要让孩子过度自我膨胀，觉得自己什么都会了，这中间的界限需要审慎拿捏。

像我就会鼓励孩子，但一方面也会让孩子知道，他可以参与的是哪一个环节，其他的环节可以之后再学习。只是孩子通常会自己填补空缺，明明是大家一起做的饼干，他可能只负责了一小部分，就会说这是他做的饼干。我觉得孩子会这样表达，不一定是浮夸、想要表现，而是他们不知道要怎么解释自己做的部分，就干脆说都是他做的，比较容易表达。

法则四：善用群体的力量

很多时候，孩子学习是为了可以跟同学一起上课，有共同的话题。那么，你就该善用这些机会，让孩子在团体活动中学习，这样不仅可减少学习的焦虑和无力感，还能够提升孩子人际互动的能力。所以跟同班同学一起参加课外活动，其实是很不错的做法，也可以促进爸爸妈妈间的交流，对孩子是好处多多的。

如何协助孩子管好自己的情绪

这个主题要分为两个部分来谈，一个部分是情绪和学习有直接的关系，另一个部分是情绪和学习没有直接的关系。

学习本身让孩子有情绪

首先,如果孩子的情绪是直接和学习有关系,就要找出引发孩子有情绪的原因是什么,有可能是老师太凶,受同学的影响,或是他真的对要学习的内容不感兴趣。

要记得仔细聆听孩子的说法,即使你不完全认同,也没有必要当面跟孩子起冲突。若孩子的原因包含一些人的因素,可以鼓励他去跟这些人沟通,或是请孩子授权你去做沟通。有的时候,孩子感受到的和实际发生的状况可能不一样,爸爸妈妈若在了解清楚前就去责难其他人,就不太妥当了。

一旦确认原因之后,你可以跟孩子一起讨论可能的解决方法。像是孩子觉得要背琴谱太难了,他实在背不下来,你可以让孩子看谱,然后多练习,就不需要把谱背下来,而是依赖自动化的方式来记下曲调。爸爸妈妈要记得追踪孩子的进展,因为你们讨论出来的解决方法可能没有用,或是引发了别的问题,必须持续跟上进度,才知道让孩子有情绪的状况是否已经排除了。

情绪不是由学习造成的

有些孩子的情绪不是直接由学习造成的,例如孩子可能因为外表被同学霸凌,或是因家人的病痛而处于不安情绪状态下。面对这样的状况,爸爸妈妈可以引导孩子认识情绪是怎么来的,并且协助孩子学习控制情绪。

很多时候,孩子会处在负面情绪的状态下而不自知,在那样的状况下,他们反而会更容易被情绪所影响。所以我们要做的不是喊口号,叫孩子不要再哭了,或是不要再焦虑了,而是要带孩子去感受自己的状态。

你可以跟孩子说:"妈妈现在觉得你有点伤心,因为妈妈感觉到你的笑容不见了,你的身体不太有力气。跟妈妈一起来找找看,这个伤心在哪里,我们请它回家好不好?"

我在这章前面提过,不同的情绪对于学习有不同的影响,所以家长和老师在引导孩子面对情绪的时候,应该采取的做法是提醒孩子情绪过于强烈对自己是不好的,但不用强调一定要让自己开心。只要孩子不是在过于强烈的情绪状态下,大脑的运作基本上不会受到太大的阻碍,也就不需要太担心。

 心理学家爸爸之单元小任务

1. 与孩子回顾他处于不同学习状况时的情绪,并讨论原因。
2. 思考面对不同的学习困境要如何改善。

(讨论表格见212页)

第十一章 好的生活习惯，是学习最棒的养分

有人为了让孩子能够好好念书，有好的成绩，在大考前会帮孩子以脑补脑，也会让孩子整天都坐在书桌前看书，甚至有可能全家人说话都要轻声细语，避免打扰孩子。现在回头看看这些做法，或许有些好笑，但到底哪些是无稽之谈，哪些又是真的有助于学习呢？

饮食对学习的影响

美国疾病控制与预防中心（Centers for Disease Control and Prevention，简称CDC）的网站疾呼饮食对于学习的重要性，因为有不少证据显示，**没有吃足够的食物会导致学习成效低下**。这一点或许大家有点难以想象，但是不论在美国或是在世界其他地方，都有一些孩子是吃不饱的，不少孩子只有营养午餐可以吃，有些甚至会打包剩下的营养午餐当成晚餐来吃。

除了吃不够会影响学习之外，**没吃早餐对孩子在学校的学习也有显著的影响**，包括警觉程度、注意力或是处理复杂的视觉信息，以及问题解决方面，都已经被证实会有不好的影响。在美国有一些地区提倡"钟响后的早餐（Breakfast After the Bell）"，让家中无法提供早餐的孩子，不用特别提早到学校，而是在一般时间抵达学校之后，还可以吃方便食用的早餐。这样的方案也被证实会改善孩

子的学习成效。

不仅少吃会影响学习，**饮食中缺乏蔬菜、水果、奶制品，也都和学业成绩低落有关系**。另外，也有针对学前孩童的研究发现，高纤维、高蛋白的早餐会提升孩子的饮食品质。虽然孩子一开始可能会抗拒这样的饮食，但是他们适应得很快，所以除了喂饱孩子之外，爸爸妈妈应该思考怎么让他们吃得好，并且让吃进去的能量维持得比较久，让孩子不会因为肚子饿而影响学习。

孩子该多吃什么

简单来说，**均衡饮食**就是最好的做法。虽然有研究证实，会影响大脑运作的营养素（如锌、碘、维生素B族、维生素E等），假设有摄取不足的状况，会导致认知功能运作不佳，但是只要掌握均衡饮食的原则，就不需要特别担心孩子会有营养不良的问题。

不少爸爸妈妈求好心切，可能还是想帮孩子补充一些健康食品，其中鱼油就是很多家长会帮孩子补充的营养素。但事实上，鱼油对孩子最有影响力的时间点，是当他还在娘胎、大脑正在发育的时期。出生后，鱼油的摄取对于孩子认知方面的影响，并没有太稳定的支持证据，也就是说吃鱼油不会让孩子变聪明，还有可能吃进太多重金属。

该怎么培养好的饮食习惯

把吃当作一件重要的事情，就是最好的饮食习惯。现在不少孩子会挑食，或边看手机边吃饭，都是很不好的习惯。爸爸妈妈应该从孩子小的时候，就开始帮他们培养好的饮食习惯：均衡饮食，有良好的用餐礼仪。

你也可以通过**自己种菜**来提升孩子对健康饮食的意识。美国哈佛大学教育学院的研究就发现，如果学校有个菜园，对于孩子的健康、幸福感的提升都有帮助，且最重要的是会鼓励孩子选择有营养的食物。只要家里有阳台这样的小空间，你就可以建设一个小菜园，让孩子能吃到自己种的蔬菜。通常孩子对于自己经手的蔬菜接受度非常高，能够有效改善孩子不吃蔬菜的习惯。

而在鼓励健康饮食之外，也要杜绝孩子养成不健康的饮食习惯。有一个爸爸妈妈常会用的做法——用垃圾食品当作给孩子的奖赏，其实是不该使用的方法，因为这样的做法不仅强化了孩子对于垃圾食品的渴望，也间接鼓励他们吃不健康的食物。

运动对学习的影响

相信大家都听过"四肢发达，头脑简单"这个说法。想当初我读书的时候，也觉得班上运动能力很好的男生，学习成绩好像都没有很好。但是学了专业知识以后才发现，根本不是如此，或不应该是如此的。人的身体与心智是紧密结合的，所以身体越好的人，心智发展其实是越好的。只是我们一直以来都误认为只要会读书就能拿到好成绩。

现在很多证据都证明，身体状态和脑功能之间是高度相关的，例如在老年人身上，研究发现走路越慢的老年人，得阿尔茨海默病的概率越高。也有证据显示，中高强度的有氧活动能够帮助孩子集中注意力，提升学业水平。

2003年，美国芝加哥有位中学体育老师就做了这样一个教学实验，他提倡在每天正式上课前让学生上体育课。一开始大家都议论纷纷，质疑孩子运动后还能专心上课吗。运动这件事情，不是课后才参与的活动吗？结果这个尝试的效果异常好，孩子们在运动后，上课更能够专注，学业表现也变好。当然，前提是孩子运动之后可以洗澡，否则全身黏黏的，对于学习也会有不好的影响。

除了在上课前运动之外，英国和荷兰都有教学改革，让孩子一边运动一边学习学科知识。以英国广播公司（British Broadcasting Coporation，简称BBC）的一档节目为例子，他们根据不同的课程，制作了很多不同的影片，老师可以通过直接播放影片或用片中示范的方式来引导孩子。在英国17所参与这个方案的小学中，有超过1000名的孩子参与，其中77%的学校发现孩子的大脑运作能力以及学习成效都得到了提升。

虽然荷兰的研究同样发现了边运动边学习的好处，但他们发现这样的做法对数学的学业成效有比较明显的影响，对于语言学习的影响则比较小。他们认为因为语言学习涉及的脑部运作和运动的重叠性比较低，所以会有这样的差异。不过，这些把运动与学科学习结合的尝试都仍在启蒙阶段，还需要更多的证据，才能确认这样的方式对于学科学习是利多于弊。

对学龄前的孩子来说，运动更重要，因为感官与动作的脑部区域是发育比较早的，通过运动能够刺激大脑的发育。另外，运动也能够促进大脑与肌肉间的协调，让孩子养成健康的生活习惯，这些对孩子都会发挥长期的影响力。

要做哪些运动，多少运动才够呢？

中国台湾地区在2018年编制的《全民身体活动指引》中，针对儿童身体活动的建议如下：

（1）有氧适能

建议每天进行，要选择中等费力以上的活动，其中每周至少3天的运动强度为费力强度,并且每天要至少累积60分钟。所谓中等费力的活动,像远足、轮滑、骑自行车和走路上学都算;费力强度的活动则包含追逐游戏、跳绳、打篮球、游泳等,但每次至少需持续10分钟以上。

（2）肌力强化

建议每天60分钟的身体活动中,应包含每周至少3次的肌力强化活动,强度以低负荷（可反复10至15次）提升肌耐力为主,比如在学校或公园的儿童游戏器材上进行攀爬,或是做膝盖着地的伏地挺身、仰卧起坐,以及使用弹力绳或弹力带、哑铃等器材。

（3）骨骼强化

建议每天60分钟的身体活动中,应包含每周至少3次的骨骼强化活动,选择以负荷自身体重冲击为主的活动,像是快跑、跳绳,以及含跳跃的游戏或球类运动。

另外,世界卫生组织（World Health Organization,简称WHO）则针对不同年龄段的儿童提出了比较细致的建议:

（1）针对1岁以下的婴儿

每天要多次用多种方式来进行身体活动,最好包含30分钟的俯卧位伸展。

（2）针对1至2岁的儿童

每天的身体活动至少要有180分钟,包括中等到剧烈强度（会让体温上升且有一点快要喘不过气的强度）的运动。最好是全天分布,多则更好。

（3）针对3至4岁的儿童

每天的身体活动至少要有180分钟,包括至少60分钟中等到剧烈强度的运动。

最好是全天分布，多则更好。

要特别说明的是，在对运动的研究中，包括前面那个美国体育老师的例子，用到的都是中等到高等强度的运动方案。而我们日常生活中的"运动"，比如说走路散步，其实达不到应该有的运动强度，所以自然也达不到运动应该有的效果。

我在这一节只是强调运动和大脑发育之间的联系，具体怎么做，仍需要爸爸妈妈根据孩子的兴趣来进行尝试。无论如何，有一点要注意的是，**小朋友的心肺功能和骨骼都还没有发育成熟，不适合持续进行高强度和高难度的运动**。各位爸爸妈妈在选择活动的时候，一定要小心谨慎，注意安全。

冥想对学习的影响

冥想在过去20多年来非常流行，很多研究都证实冥想有助于大脑的运作，不论是对运作的效能，或是在比较感性的层面，都有一定程度的帮助。冥想之所以会有这么大的帮助，有以下两个原因：

第一，**冥想鼓励我们要心无杂念**，这就训练了我们的大脑。因为我们需要去抵制其他的干扰，提升专注力。

第二，**冥想鼓励我们要去体验当下的感受**，这样的经验让外界的刺激更容易影响脑部的活动，进而产生新的联结。

你或许会觉得冥想不适合孩子参与，但国外有基金会已经在一些幼儿园推广冥想的活动，虽然孩子没办法一次进行太长时间的冥想，但是他们绝对是可以参与的。例如，你可以鼓励5岁孩子进行3分钟的冥想训练。**参与冥想对孩子的影响**

相当显著，无论是在注意力、情绪控制等方面，都可以看到冥想的好处。

具体要怎么做呢？其实**训练呼吸**就算是一种初级形式的冥想了。

我以前引导儿子去学青蛙呼吸时，就跟他说："你不是会蛙泳吗？你学的就是青蛙游泳。现在我们来学青蛙呼吸，它的呼吸也很厉害。"然后我就在一边示范，告诉他吸气的时候肚子胀起来，呼气的时候肚子瘪下去，这样呼吸时就会像青蛙一样，然后同时发出"呱呱呱"的声音。

我们平时习惯用胸腔呼吸，而青蛙采用腹式呼吸，和平时的呼吸习惯不一样，所以需要注意力来帮忙。

为了让这个训练更有趣，你和孩子还可以**数呼吸**，躺下来看谁能连续呼吸到十下，中间要是有人忘了的话，就要从头数起。数呼吸的时候，把手放在孩子肚子上，他也把手放在你肚子上，像这样互相监督，在过程中就训练了孩子的注意力。等孩子能够顺利完成以后，还可以增加到20下、30下，或者增加时长，从5分钟逐步加到10分钟。相信我，孩子会很喜欢玩的。

睡眠对学习的影响

如同前几节提到的饮食、运动和冥想，睡眠对于学习的影响也常常被低估了。事实上，研究发现，睡眠对孩子的影响比对成年人要大，我们真的要让孩子睡好，睡饱。

想到睡眠对学习的影响，我们的直觉会认为关键在于"没有睡饱就不能好好学习"。而这点固然有很重大的影响，但是睡眠对学习更重要的影响，在于把学习到的知识固化（consolidation），只有被固化的知识才能够长期保存。很多研究都发现，如果学习之后没有睡觉，学习的成效几乎是不存在的。也就是说，熬夜读书的话，根本只得到了分数，而没有得到知识。

有一个针对3岁孩子的研究，想要了解睡眠对于孩子语言学习的影响，让他们听一个故事之后，有些孩子睡了午觉，有些则是保持清醒。结果那些听完故事就睡午觉的孩子，在几个测试的时间点（两个半小时后、1天后，以及7天后），对于故事当中的语文素材都有比较好的学习成效，同样说明了睡眠对于知识固化有关键性的影响。

要睡多久才够？

睡眠与学习记忆的关系如此密切，那么应该睡多久才够呢？这个问题可以参考世界卫生组织针对五岁以下孩子所提出的睡眠建议：

> 刚出生至3个月大的婴儿，每天要有14至17小时高品质的睡眠。
> 4至11个月大的婴儿，每天要有12至16小时高品质的睡眠。
> 1至2岁的孩子，每天要有11至14小时高品质的睡眠。
> 3至4岁的孩子，每天要有10至13小时高品质的睡眠。

针对5岁以上的孩子，各方的建议大致上是认为1天至少要睡9小时，若是能够睡到12小时是最好的。英国国家医疗服务体系（National Health Service，简称NHS）建议5岁的孩子1天应该睡11小时，随着年纪每增加1岁，建议睡眠可以减少15分钟。即使针对青少年，他们也建议至少要睡满9小时。

心理学家爸爸之单元小任务

1. 跟孩子一起养成好的生活习惯,彼此打分数,看谁一周后获得比较多的星星。

2. 思考以下A、B、C三种状况要如何改善。

A. 不爱吃正餐,只爱吃高糖、高盐的零食。

B. 不爱运动,连走路都懒得走。

C. 晚睡晚起。

(分数记录表见213页)

第十二章 培养学习力是一生的事

多数人对于学习会有错误的刻板印象，总以为学习只有在学校才会发生，学习一定要有一位老师教，要有学生学……也因为有这些刻板印象，我们会觉得只有学科的学习才是学习，不需要考试、跟升学或找工作没有关系的，就不需要去学习。

但是这些都是错的，即便是在游戏中，孩子还是能够学到很多事情。而且我们的环境一直在改变，如果没有时时跟上改变的步伐，很快就会被淘汰。所以，我们要给予孩子的能力，绝对不是怎么在一些学科上获得好成绩，而是要让孩子拥有好的学习能力，在人生漫漫的旅程中，能从容地面对大大小小的挑战。

不过，人毕竟不是独处的，除了在个人层面提升孩子的学习力之外，如果能借助外在的人、事、物，给予孩子更多学习的能量，学习的成效也会更好。在最后这章，我就概括一下，对于孩子来说，在他们学习过程中重要的人和物。

影响学习力的人

在孩子学习的过程中，老师固然是很重要的角色，但其实老师跟孩子相处的时间比家长少得多。所以，家长才是影响孩子学习最重要的人，而且不局限在学科学习上，非学科的学习也是如此，只是我们往往忽略了。另外，跟孩子一起学习的同学，很多时候主宰了孩子的学习动机，也是不容忽视的。

爸爸妈妈对孩子的影响最深

身为父母都要有这个觉悟，我们是孩子学习过程中最重要的人，不能因为自己学历不高，不会教孩子，就觉得孩子的学习跟你没有关系。因为学习不仅仅是学科学习而已，更何况，你对孩子学习的态度、帮孩子选择的学习方式，都会影响孩子的学习。

1. 孩子总是在模仿你们

对于孩子学习力最有影响的人，不是别人，正是爸爸妈妈。除非长时间没有办法陪伴孩子，否则父母对孩子的影响绝对是最大的。因为孩子时时刻刻都在观察你的言行举止，并且惯于模仿你的行为，这个行为模式是写在我们基因里的。人类的孩子，相较于其他灵长类动物，有更高的倾向会盲目模仿成年个体的行为。

如果我们希望孩子有好的学习力，就必须要"谨言慎行"，因为孩子会模仿大人的任何行为，即使这个行为是完全没有意义的。

举个例子，因为我的工作需要长时间使用电脑，偶尔因为工作太多，在家中也需要坐在电脑前工作。老二有时候就会像煞有介事地说"我要工作"，然后自己坐在电脑屏幕前，做敲打键盘的动作，真是非常好笑。有时候我的工作是要看了影片后写些东西，孩子看到就会有点不理解，抱怨说："爸爸你骗人，为什么我们看影片，你都会说不能看太久，自己却看了那么久，还说是在工作。真的是在工作吗？"

我相信其他家长也会有不少这样的经验，孩子模仿了你没有特别教他做的事情,如果是好的事情,还没什么问题,但若孩子学了一些不好的,那就麻烦了。

而孩子除了学习我们做的事情之外,我们面对事情的态度,也会对孩子有深远的影响。如果你自己本身是一个做事只有三分钟热度、遇到困难就退缩的人,你真的很难说服孩子做事情不可以轻易放弃。孩子小的时候,或许无法用语言表达,但并不表示他没有办法察觉。

爸爸妈妈如果能身体力行,不仅可以让孩子模仿,也可以在鼓励孩子的时候举例,跟他说:"你想想上次爸爸是不是为了要打开罐子,用了很多种不同的方法,最后才终于打开了。所以,你现在如果没办法用你想到的方式解决问题,可以试试别的做法,不要还没有尝试就说自己做不到。"

2. 家长的信念也有极大的影响力

爸爸妈妈对孩子的影响,除了通过自己的言行举止之外,对于学习的态度,也会深刻地影响孩子。例如,有些家长认为某个能力是孩子需要具备的,就会坚持孩子一定要获得这个能力。像是很多会弹钢琴的爸爸妈妈,就认为孩子一定要学会弹钢琴,即使孩子一开始可能不愿意。

这件事情我认为很难评估对或错,但不可否认的是,父母的态度绝对会对孩子造成影响。很多孩子都是在成年之后,才惊觉当年爸爸妈妈的坚持,对于自己是有正面影响的。不过,我必须提醒一下,并不是所有爸爸妈妈认为对的事情,就一定是对的。

也因为家长对学习的态度于孩子的学习有极关键的影响,所以绝对值得你花一点时间好好想想,你希望孩子接受什么样的教育,以及可以用哪些方式让孩子学习。虽然一开始有点难,但是如果你一直都没有做,就会越来越难实现你自己的理想。

我和太太对孩子的期待，就是一些基本的能力要早会，不用追求考试要达到满分，但是不能错在粗心，该让自己的能力完整展现。这是我们为孩子设定的目标，你可能会帮孩子设定别的目标，都很好。但是要记得，学习毕竟是孩子的事情，目标的设定要对孩子是真正有意义的，而不是为了成就你过去没有达成的梦想。

另外，**在为孩子设定目标时，要记得考虑孩子的特质**。每个人都希望孩子有很好的成就，但是好的成就不该只有单一标准，越能针对孩子的专长帮他设定目标，孩子就越能够如鱼得水，同时比较容易有好的表现。

老师对孩子的影响

有时候老师对孩子的影响甚至比爸爸妈妈的影响更大，因为孩子更愿意去做老师要他们做的事情。这实在是很吊诡。但不仅在我们身上，在周遭的朋友身上，大家也会发现，老师交代的事情，孩子一定会照办，但是对爸爸妈妈交代的事，就是会讨价还价，最后还是不甘愿地去做了。在这样的状况下，老师对孩子的影响，还真的是不可以随便忽略的。

这一点我有非常深刻的感受。我家老大在小学一、二年级的老师，是一位非常愿意帮助孩子的老师。她会依据孩子的发育状态，帮孩子设定不同的学习目标，各方面也都尽其所能地以鼓励为原则。因为老师的态度，孩子都愿意稍微离开舒适圈，挑战一些自己过去不一定会做的事情。不过到了三年级，重新分班后换了一位老师，态度就相对传统、保守，很直接地跟家长说会加强孩子的语文和数学能力。虽然这也不错，但孩子在学校不该只是学习学科知识，而是全方位地学习。老师可能也安排了一些活动，但是和先前的老师相比，实在少太多了，孩子也少了很多机会去思考现在的学科知识和他的生活会有什么样的联结。

可是，多数时候我们没有办法选择老师，只能尽可能选择教学理念和自己接近的学校。其他我们能够为孩子做的事情，就是多了解老师的教学理念，并且勤于和老师交流、沟通，不要只是听了孩子的讲述，就跑去指责老师。那么，你就会不小心成为所谓的"直升机爸妈"（过度干预孩子，像直升机一样盘旋在孩子的上空）了。

不要忽略同伴对于孩子的影响

爸爸妈妈和老师是影响孩子学习很重要的因素，还有一个很容易被忽略的，就是同伴对于孩子的影响。

孩子会被动地接受父母和老师的影响，但是对于同伴的影响，多数时候孩子是有主动权的，因为他可以选择要不要受到同伴影响。像是同学们都在玩某款电子游戏或是玩具，你家孩子如果想要获得他人的认可，就会融入集体或是某一个小团体，就会想要玩同样的东西。

1. 孩子的言行反映家庭教养态度

我家两个孩子的切身体验也告诉我，同伴的影响真的很大。老大曾经念过两所不同的幼儿园，他自己很明显感受到两所幼儿园的同学有很大的差异。他在第二所幼儿园的时候尤其不开心，因为他觉得他的同学们都太吵了，比较缺乏纪律。

在校园里，孩子与人交往时的一言一行都反映着不同家庭的教养态度，孩子会把这些东西带到学校。如果老师没有妥善引导，就会让不好的影响在环境中快速蔓延。像是有些家庭比较放任，孩子可能就比较为所欲为，会带一些不该带的东西到学校，例如电子游戏机，然后一下课就在一边玩。其他孩子一般对这样的东西也感兴趣，就都被吸引了。这个事情，还可能会发展成这个有游戏机的孩子，可以规定谁能玩、谁不能玩，演变到最后有点荒唐。

2. 了解霸凌，向言语暴力说"不"

同伴影响另一个比较严重的，就是霸凌的行为。

校园霸凌也称为校园暴力，可大致分为言语暴力和肢体上的暴力。其中，言语上的暴力最容易被爸爸妈妈忽略。比较轻微的言语暴力可能是给别人取外号，严重些的可能是侮辱或故意排挤。言语暴力可以说是"杀人于无形"，很可能会给孩子造成严重的心理创伤。我们没有办法控制别人家的孩子，但是我们可以教育自己的孩子，如果遭到霸凌时应采取哪些做法：

（1）不要轻易回应霸凌者

你要让孩子知道，不要轻易地回应霸凌者。因为当霸凌者看到你做出他期待的反应，例如，惊吓、流泪，或者发脾气，他就会更加想要去欺负你。

（2）被欺负要尽早求援

你也要提醒孩子，被欺负了一定要早点告诉爸爸妈妈，让爸爸妈妈帮忙处理。 在日常生活中，可以用绘本跟孩子沟通有关"暴力"的概念，让孩子上学后不要受到霸凌，也不要成为霸凌者。比如《手不是用来打人的》（*Hands Are Not for Hitting*）、《牙齿不是用来咬人的》（*Teeth Are Not for Biting*），都是很好的绘本。

如果家中孩子已经上学了,也可以搜寻相关影片给他看。有部电影《奇迹男孩》(Wonder)就很适合给上小学的孩子看。剧中主角是一个有面部缺陷的男孩,他一开始一直很抗拒用自己真实的面貌来面对别人,因为他不希望别人嘲笑他。这是一个让孩子认识言语暴力很好的素材,可以帮助孩子从别人的角度来思考,而且结局也很积极正面,是一部非常适合小朋友看的电影。

影响学习力的物

除了人会对孩子的学习造成影响之外,"物"对于孩子的学习力也有很大的影响,所谓的物,包含软、硬件,像是居家环境、各种各样的课外班,都算是物。

学习环境的影响

早期心理学家用老鼠做研究,就发现了当老鼠在物质丰富的环境中成长,相较于在物质匮乏的环境成长,老鼠大脑的发育有明显的差异。虽然现在多数家庭的环境都不至于到匮乏的地步,但是爸爸妈妈可能还不是很清楚什么是"丰富"的学习环境,很容易往错的方向努力。所以我先来解释一下如何营造一个丰富的环境。

1. 环境的多元性

首先,"丰富"的意思并不是尽量多地给孩子买玩具。每个孩子虽然有不同的性格和兴趣爱好,但孩子都是很好奇而且爱探索的。**如果孩子活动的环境比较单一,没有变化,对于孩子自由探索和发展兴趣来说并不太好。**

这里所提到的活动环境,并不仅仅指家里的环境,也包括学校、孩子最常去玩的地方等。

幼儿园其实就是一个多元的环境，现在的幼儿园大致都会**规划几个不同的学习空间，让孩子可以做不同类型的探索**。像在我家老二的幼儿园里就有不同的玩耍区域，比如有一个"益智角"，让孩子玩一些训练逻辑思维的小玩具和游戏；有一个"艺术创作角"，让孩子画画和做手工；一个"阅读角"是孩子阅读绘本的空间；一个"积木角"，主要是让孩子玩积木。幼儿园每隔一段时间就会对所有活动做一些调整，让孩子时刻保持兴趣。

要营造多元的环境，并没有想象中困难，前面提到的几个空间，其实在家里布置起来并不难，材料也不难找。重点反而是要怎么**引导孩子去做尝试**。

我知道有些孩子就只喜欢玩小车车，对于其他的事情都不感兴趣，至少一开始是不感兴趣的。所以爸爸妈妈就要善用孩子的喜好，设计活动引导他做些别的事情，例如针对喜欢玩车的孩子，就可以准备一些跟车有关系的绘本，或者请孩子做一些跟车有关的手工。

另外，在和孩子玩本书介绍的游戏时，也可以把道具替换成玩具车，让孩子除了用传统方法玩玩具车，还能锻炼其他能力。比如在第七章"破坏大王拆拆乐"这个游戏中，就可以把道具换成闲置的玩具汽车。如果爸爸妈妈的动手能力强，不妨和孩子一起拆拆拼拼，锻炼他解决问题的能力。

像我家的老二也很喜欢车，我们除了会用以上的做法之外，也会逐步引导他去接触别的东西，当然一开始还是会跟车有关，然后慢慢地就和车越来越没有关系了。**很多时候孩子会有很固执的想法，是因为自己会有点害怕，不愿意去尝试，只要多鼓励孩子，他们会很愿意迈出那一步的。**

我家的老大就是一个比较谨慎、不愿尝试新事物的孩子，常常我们问他要不要做什么事情，他都会先说不要。如果你的孩子也跟我家老大一样，请爸爸妈妈先不要因为他拒绝而生气。

像我和太太都会先接纳老大的情绪，让他知道我们理解他的心情，然后鼓励他去试试看，和他说"每次尝试都是一次学习，都会让你更厉害"。其实多数时候，在老大实际做过后，他都会乐在其中。所以之后我们也都会用这些正面的例子来鼓励他："你看你上次说不要去参加那个活动，但是后来不是发现超好玩的，那么现在这个活动跟那个很像，你要不要去试试看？"

越早让孩子去体验不同类型的活动，他就越有机会形成开放的态度，也会愿意去尝试各式各样不同的事物。孩子涉猎的范围越广，对他们来说也是越好的，毕竟现在社会变化那么快，愿意尝试新事物的人会很有优势。再加上从小培养出来的很棒的"学习力"，孩子将来怎么可能会发展不好呢？

2. 环境的适合性

一个好的环境除了要多元之外，也要适合孩子大脑发育水平，这也就是为什么一些游戏要有年龄限制，或是建议这款游戏（或玩具）适合几岁到几岁的孩子使用。那么一般要怎么判断环境的适合性呢？其实**软、硬件对孩子有一点点挑战性时，就会是最适合的难易度**，既不至于让他们感到无聊，也不会让他们一下就放弃了。

我的两个孩子差了四岁，我对这件事情就会感到相当困扰，因为一个环境要让哥哥觉得好玩，弟弟就会觉得太困难了，但是如果要让环境对弟弟是友善的，对哥哥来说就会太无聊。所以，有的时候是我带其中一个孩子玩，由太太带另一个孩子玩，这样两个孩子都能够在最适合自己的环境中玩耍。

另外，针对同一个游戏，我也会设置不同的难度，让大家都可以一起玩。这样的做法，对于小孩来说，特别有意义，他们会有满满的成就感，因为自己在跟着哥哥姐姐或是成年人一起玩。虽然孩子一开始可能还需要一些辅助，但他们学习得非常快，很快就不需要辅助了。

就像几个月前，老二很喜欢跟我们玩优诺牌。像这种规则比较简单的棋牌类游戏，就很适合全家一起玩。当我们在玩的时候，一开始老二还需要大人帮他看牌，决定他要出哪张牌，渐渐地他就可以自己玩，甚至还会用一些策略让自己更有机会赢。

辅助工具的使用

辅助学习的工具对孩子的学习也有很大的影响。我讲一个很极端的例子，如果一个孩子是全盲的，那他要怎么去感受图表呢？过去我们系里有一些全盲的本科生，这件事情就让我很苦恼，但后来发现只要用不同的材质来做图，让他们用摸的，他们也能够感受到图表的内容。这就是一个辅助工具提升学习的范例。

我相信各位读者家中应该也有很多这样的东西，只是到底工具好不好，恐怕就很难说了。我常常教大家用生活中的物品或是扑克牌来玩游戏，最主要是想提醒各位爸爸妈妈：**利用辅助工具重要的是活动的设计，而不仅仅是工具本身；对孩子来说，与生活结合或是游戏，才是最有效的学习方式。**

如果你真的想要为孩子找一个电子辅助工具，我认为平板电脑会是最好的选择，因为它的屏幕比手机大，又可以使用很多的应用程序。现在市面上有非常多好的学习类应用程序，也有一些线上学习平台，都是可以在平板电脑上使用的。

但是，如果要让孩子开始使用平板电脑，一定要跟孩子制定很清楚的规则，包括可以用平板电脑来做哪些事情，以及可以使用多久等。最好的做法就是孩子拿平板电脑作为学习辅助工具时，爸爸妈妈可以在旁边陪他一起使用，这样是最理想的。因为有家长的陪伴，孩子才不会对平板电脑产生太强的依赖，同时家长可以根据孩子的状况，适时地给予指引，毕竟这些工具多数是固定的，没办法依据孩子的状态做弹性调整。

我的做法是会把平板电脑的使用放在最后一个环节，也就是其他工具都已经熟练之后，才使用平板电脑上的应用程序来强化孩子的动机。像是之前让老大学习写程序设计，就是从桌游开始玩起，确认他知道怎么玩了以后，才用应用程序继续学习。不可否认的是，应用程序操作的成效是很吸引人的，但是如果在一开始就使用，反而容易让学习变了味，所以不建议从应用程序先入手。

帮孩子打造专属的学习方案

让孩子乐于学习是必然的趋势，在这一节我要告诉大家的是，怎么设计学习方案，能够让孩子在玩乐中学习。首先要设定的就是一个终极的目标，例如要做一道料理，或是要循线索去找到一个宝藏。假设我们现在设定的目标是回家要做一个蛋糕，关卡可以是要求孩子找到相关的食材，你和孩子在超市买食材的时候，就可以玩很多花样。

学习方案设计：做一个蛋糕

如果今天要制作的是草莓蛋糕，需要用到的食材有草莓、面粉、蛋、牛奶等。在买草莓的关卡中，我们可以设置和**感官能力**有关系的学习任务：准备草莓图片，让孩子找出特定的某一种草莓。孩子在找的过程中，除了运用感官能力之外，也训练了**注意力转移的能力**。

走到蛋品区买蛋时，你就可以引导孩子说说看，鸡蛋、鸭蛋、鹌鹑蛋有什么样的不同，包括形状、大小、颜色、蛋壳上的花纹等。

当然，如果孩子比较小的话，你就在家跟他玩这个游戏（其实就是玩进阶版的"过家家"），所有食材都可以用图片代替。像这样玩的话，还可以有更多花样，而且不用担心破坏东西，比如弄破鸡蛋。在家玩的时候，进行到买蛋的环节，我们可以准备一个"记忆翻卡"的游戏，也就是图案配对的游戏。

记忆翻卡

首先在卡片上画出不同样子的蛋，每个形状的卡片画两张。例如：两张有条纹的蛋、两张有花斑的蛋、两张白色的蛋。如果孩子愿意一起画，就让他画一张，你画一张，然后把卡片图案朝下打乱，排成二至三列放在桌上。

接下来请孩子同时翻开两张卡片。如果两张卡片图案相同，就可以把卡片收起来，继续翻；同时翻起的两张卡片图案不同，则把卡片翻回去，并保持位置不变，继续游戏。等到所有卡片都成功翻开以后，游戏就结束。

如果是单人模式的话，爸爸妈妈可以先为孩子做示范，之后再请孩子来挑战。这个游戏也可以多人一起参与。玩法都是一样的，只是规则变成和孩子轮流翻卡片，卡片图案相同，玩家就可以翻开并收走两张卡片。全部卡片拿完后，再数数看谁获得的卡片数量最多。

我爱喝牛奶

在买牛奶的关卡，你可以跟孩子玩一个跟冲突解决能力有关的游戏。玩法很简单，当你说你要喝牛奶的时候，孩子就要说他要喝果汁；但是如果你说你要喝果汁，孩子就要说他要喝牛奶。看看谁先出错就输了。

如果孩子比较大一点，还可以改变规则，提高难度，也给孩子增加挑战。比如规定只有在指令前加上"妈妈说"的时候，孩子才可以重复你的话。所以当你说"妈妈说要喝牛奶"的时候，孩子才能说"我要喝牛奶"。

其实想好一个主题，然后规划一下自己希望训练孩子哪个方面的能力，花点创意，就能够跟孩子玩上好一阵子。每次带孩子闯关成功，成功采买完所有食材，等回到家以后，我就会带着孩子一起做蛋糕，他们每次都会超级开心。

 心理学家爸爸之单元小任务

跟孩子讨论学校上课内容有哪些部分可以更好，并记录孩子的回答。如果孩子还太小，不能理解题目，请爸爸妈妈找机会跟老师讨论，或简要记录自己的看法。

【多选题】关于培养孩子学习能力的说法，下列哪些不恰当？（　　）

A. 使用电子产品对培养孩子的学习能力没有益处。

B. 孩子拿平板电脑当作学习工具的时候，家长可以在旁边陪伴孩子一起使用。

C. 对于孩子学习能力最有影响的人就是爸爸妈妈。

D. 在制作蛋糕的过程中，可以锻炼到孩子的好几种学习力。

E. 营造多元的环境，就是要求爸爸妈妈要多带孩子出去玩。

（记录表格和答案见213页）

写在最后

对于学习的六个建议

除了前面提到的内容之外,我还想提供一些综合性的建议,乍看这些建议可能都有些反事实,但仔细了解,你就会发现我为什么会给这样的建议了。

第一个建议:多考试

是的,我没有讲错,要多考试。但是这个**考试的内容,必须是考察一个人有没有把知识弄懂了,这个考试的好成绩不是靠着死记硬背就能够达成的**。

这是一个美国知名心理学家做的研究,研究发现,如果学习搭配考试来检验成效,最后的学业成绩会有大幅度的提升。虽然表面上和国内的做法没什么差异,但是关键就在于考试是怎么考的。

举例来说,如果要考察孩子是不是记得中国各个朝代的演进,一般就是请孩子把朝代按照正确的顺序排好。这样的考察方式就是很糟糕的,因为孩子只要死记就好。那么,应该怎么考?我们可以针对一个有意义的技术,问孩子这个技术是怎么演进的，因为每个技术有对应的朝代，通过这样的方式，就可以考察孩子对于中国朝代的演进是不是有所理解。

就像我在家里要知道孩子有没有学会字怎么写，以及该怎么使用，我一定不会用听考的方式，因为这样的方式太无聊了，而且不能保证孩子真的知道这个字的用途。所以这时候我们就会玩"造词"的游戏，孩子需要把我们造的词都写出来。过程中，我就会故意讲出他刚学会的新词，通过这样的方式，了解他是不是真的懂了。**把考试跟游戏闯关结合，对孩子掌握知识来说是非常有效的，因为他们会觉得自己在玩一个游戏，而不是在考试，会比较有动力，也会有比较好的表现。**

同样的，一家公司如果要考察员工学习新技术的成效，用选择题、是非题，也不是最好的做法，因为要正确回答这些问题，只要被动地吸取知识就能够达成了。但是，被动地吸取知识，不等同于员工真的理解了这些知识。所以，最好的做法是给员工一个情境，请员工运用新学习到的技能来解决这个问题。

第二个建议：宁愿懒惰也不要勤快

其实应该要说**宁愿懒惰地精准学习，也不要勤快地盲目学习**。

我来分享一个研究的成果，这个研究探讨的是记忆的关联性。在第一个阶段，人们会看到一连串的类别词语，像水果、动物等；第二个阶段中，他们必须回想某些类别的部分词语；进行到第三个阶段，他们必须回想全部学习过的词语。那么我要问问大家，你觉得哪一种词语的记忆表现会是最差的？

（1）第二阶段中，回想到的类别中的词语；
（2）第二阶段中，回想到类别但是没有被回想到的词语；
（3）第二阶段中，没有回想到的类别。

我要告诉大家，答案是第二种情况中的词语。

用白话解释这个结果就是，如果你要为了考试做复习，假如没有时间全部复习，还不如不要复习，否则效果会更差。也就是说，**要有好的学习成效，要用对的方法，否则不仅浪费时间，还可能会有反效果。**

不过，我要提醒大家一点，这并不是鼓励拿学霸的笔记或是别人的思维导图来学习，因为那些毕竟是别人的思路，不是你的。你如果没有把别人的思路和自己的糅在一起，那么恐怕复习也是一个事倍功半的过程。所以，**可以拿别人整理后的信息来做参考，但一定要花一点时间内化这些内容，才能真的"懒惰"又学得好。**

在孩子身上，这件事情特别容易执行，因为孩子基本上是一张白纸，我们可以很有效率地把建构好的知识体系直接交给孩子，让他们熟悉之后，就能很快速地学会很多新的知识。但是，这个知识体系的建构，必须考量孩子的大脑发育水平，要提供适当复杂程度的，才是对孩子真正有帮助的。

第三个建议：善用潜意识

我要谈的不是跟弗洛伊德的口欲期之类的概念有关的，而是我们要怎么**善用自动思维**。人类的行为，有很大一部分都不是在有十足意识的状态下完成的，像是一位开了十年出租车的司机，你觉得他在停车的时候，还要算到底方向盘该打几下吗？他甚至可以快速变换车道，只因为他眼角可能瞥见有一个物体朝自己飞过来。

我再说一个大家都会很有感觉的例子：某天你跟朋友聊天的时候谈到了某一本书，你很想推荐给他，但是你却把书名忘记了。即使你没有刻意去想，过了几小时、几天之后的某一刻，这个书名会突然浮现在你的脑海。我们的大脑就是这么神奇，在我们没有完全集中注意力时，也帮我们处理很多的事情。

那么要怎么把自动思维套用在学习上呢？

习惯成自然，这绝对是一个可以采用的做法。当一个行为非常熟练之后，要执行这个行为，基本上就是非常自动化的。

不过，我要告诉大家一个更有意思的方式：**将有关联性的知识点联结在一起，然后让自己反复接触这样的联结**。比如你要记下水果和它所含的营养成分是什么，就可以把水果画下来，然后分成几个区块，在每个区块写上水果当中的营养成分。久而久之，这些营养成分就会在你想到水果的时候突然冒出来了。

有一个教小朋友英语的动画片就是利用类似做法，他们用英文单词的字母组合成那个单词所代表的东西，像"苹果"就是用"apple"组合而成，这也是希望孩子在学习的过程中，不知不觉把字母记下来。还有一些图像记忆术，也是利用同样做法，就是**让知识点产生关联**，就能够彼此互相"提携"。

另外一个应该要做的事情，就是**让自己的知识是成系统的，有意识地帮新学的知识点做分类，就像把档案归档于不同的资料夹**。一旦习惯了这样的分类方式，以后在提取信息的时候，人就会很自动化地运用同样的思路，快速找到自己需要的信息。

孩子一般不太会进行分类，所以爸爸妈妈要刻意帮他们做分类，把知识点的关系建立起来。像是我要教孩子背数字的英文单词时，就会引导他去思考这当中的关系，例如十几的数字都是"teen"结尾。如果你可以做到让孩子看到"teen"就想到这跟十几有关系，那么你就非常成功了！

第四个建议:"玩弄"感情

所谓的"玩弄"感情,就是要**善用情感,帮学习加分**。

人在不同的情绪状态下,思考模式是不大一样的。当心情是很正面的时候,会比较依赖自动思维,思维比较发散;心情比较负面的时候,虽然表现有些欠缺活力,但是善于分析。所以,看那天要完成的学习,是依赖自动思维多一些,还是分析思维多一些,就该让自己进入那样的情绪当中。

有些朋友可能立刻联想到所谓的莫扎特效应,是吧?首先我要说这个论断并不可靠,再来我要告诉你,只要接触了自己喜欢的事物,你大脑的运作就会比较高效,跟莫扎特的音乐并没有特别大的关系。

以我自己来说,我有不同的工作清单,如果是要批改学生的作业,就需要多一些快节奏、让人振奋的音乐,避免自己看到写得差的作业会容易动怒。如果是要专心的时候,我就会听一些熟悉的、节奏比较平缓的音乐,因为这会让我在一个平静的状态下高效完成很多工作。

除了正面、负面情绪的控制之外,我们也可以通过压力来改善学习的效率。压力这个东西,太多不好、太少也不好,所以**面对孩子的学习,绝对不要用百依百顺的策略,而是要给予适当的压力**,这样反而会有最好的效果。同样的,如果发现孩子在学习某些东西时,已经压力爆棚了,那么你就不该继续逼他,而是要他先处理好情绪,再继续学习。

在华人的世界,我们往往忽略了这些感性因素对于人们的影响,而这是非常可惜的。好好"玩弄"情感,绝对大有可为。像是现在越来越多结合游戏的教学也是如此,让孩子在比较愉悦的状态下,不知不觉学习新的知识。虽然表面上效率比较差，但只要有妥善的规划，孩子可以学得又快又好。

第五个建议：把自己当成一个失忆的人

你可能会觉得我疯了，学习和记忆有那么紧密的关系，而我居然说"失忆"是一个可以提升学习的方法。

事实不然，你想想看，如果你是一个失忆的人，你会做什么？你会想尽所有办法让自己记住重要的事情，所以会**筛选重要的信息，或采用一些辅助性的工具帮助记忆**。这两件事情，对于学习来说都是很核心的。

在信息爆炸的现在，我们有严重的知识匮乏焦虑，担心自己不够有能力。但是，一个人不可能知道所有的事情，所以应该要慎选，针对一些重要的知识点做深入探讨，而不是全部事情都要搞懂。在电影《依然爱丽丝》（*Still Alice*）中，女主角是一位罹患早发性阿尔茨海默病的大学教授，她怕自己忘掉重要的事情，就把这些事情都用工具记下来，并且有空就做练习。各位比电影中的主角幸运很多，因为她的记忆是在快速退化的，练习也没有用；你们多练习是有用的，但也不表示你就该浪费自己的资源，还是应该做一些选择。

至于使用辅助工具这件事情，我的态度是这样的：如果有些比较制式的信息，有值得信赖的工具可以使用，就应该使用，因为这样空出来的时间资源，就可以拿去做其他的事情。

举例来说，就像一个老板，虽然能力很强，若是把全部的事情都揽在身上，他就没有办法开拓新的机会，而且自己会很累。如果他把事情托付给胜任的员工，就有时间和精力去做别的事情，对整个公司其实是好的。

那么问题就来了，到底什么东西可以托付给辅助工具呢？我认为是一些过于琐碎的知识点，比方说数学运算公式，只要在需要的时候，知道在哪里能找到这个公式就可以了。但是在我们依赖工具的同时，自己就需要提升其他方面的能力，例如信息整合、逻辑思维的能力。

有些人习惯用网络搜索引擎来找答案，但怎么确定找到的答案是值得信赖的呢？这是很多人现在会面对的问题，太容易人云亦云，然后看到很多人都支持这个论点，就相信它是真的，也没有去思考到底这个论点有没有问题。这件事情对普通人来说不容易，对专业人士来说也困难，因为每个人所接触到的信息是有限的，有时候也会因为自己的立场，而发表了背离事实真相的言论。

第六个建议：勇敢面对自己的不完美

每个人的脑子天生就不一样，有些人就是特别聪明，只要稍微努力，就可以有很好的学习成效；有些人则是必须非常努力，才能勉强赶上这些学霸。输赢是一方面，但更重要的是，你要知道，你的人生只有一个你该尊敬的对手，就是你自己。

越早看到自己的优势与劣势，就越有机会不断超越自己。老天是公平的，若剥夺了你一些能力，就会在别的地方还给你。

举个例子来说，我太太在小时候学习拼音非常痛苦，一直到小学三年级她才掌握了学习的技巧，学业成绩突飞猛进。但是直到和我交往的时候，我有一次跟她分享我博士班同学的研究，她才惊觉自己可能是有阅读障碍，因为有阅读障碍的人在语音信息的处理上比较不擅长。她非常懊悔自己没有早一点知道这件事情,害得她当年一直被妈妈骂不认真,拼音学那么久都学不会。

那么这项特质对我太太来说有什么好处呢?有的,因为比较不擅长语音信息的处理,使她在视觉信息的处理上非常高效,她能够跟别人擦身而过,就知道是否遇上了自己的朋友。

如果你知道自己的问题是没有办法集中注意力太久,就该把任务拆解成小的区块,每个区块所需要的时间,大概就是你一次能够集中注意力的时间。这么一来,你不需要长时间集中注意力,也能够如期完成该完成的任务。所以,**关键不是你有没有缺陷,而是怎么去应对这些缺陷对你造成的影响。**

对于孩子来说,我觉得家长要判断他们有哪些学习困难,因为你不知道孩子究竟是发育比较慢而已,还是真的有些能力发育异常了。幼儿园一般会为孩子做发展评估,我建议爸爸妈妈可以参考这个评估报告,并且多跟老师讨论。

而对于开始上学的孩子,若成绩没有特别差,或是在学校没有问题行为,一般来说不会去做发展评估。我鼓励爸爸妈妈可以定期客观记录孩子的表现,例如他们念完一段三百字的文章需要多久,理解程度大概如何,过了一天后,对于内容又有多大程度的理解,等等。这做起来真的不容易,所以我也鼓励爸爸妈妈跟孩子的老师保持联系,毕竟老师面对的是全班的孩子,比较容易判断孩子的状况是不是偏离均值,以及是否突然有所变动。

除了让孩子勇敢面对自己的不完美之外,或许整个社会也能够帮忙提供一个更友善的环境。我在英国念书期间担任过监考官,有一件事情给我留下非常深刻的印象。学校是在大礼堂举行考试的,但是有一些学生在一个小房间考试,因为他们都有特别的需要,有的人是很容易想要上厕所,有的人是有阅读障碍,有的人则是很容易紧张。针对这些人，学校给予他们不同的考试时间限制，有的人甚至可以准备一些参考资料，而这些都是希望他们能够在一个更公平的环境下反映出自己的学习成效。

学习是一辈子的事情，除了高效学习之外，更要高兴学习。唯有乐在其中，才会持续学习，并且持续成长。希望这些分享能够对大家有一些启发，让你知道怎么帮助孩子，也帮助自己，成为一个更会学习的人。

附录

单元小任务——表格范例、答案与说明

表格的范例仅供各位爸爸妈妈参考,也很鼓励大家用图像的方式记录和孩子互动的过程。同时,这份表格也可以用来记录你自己针对游戏做了哪些改版,觉得这样做又能训练到孩子哪些不同的能力。

答案部分,我尽可能提供详尽的说明。然而很多情况都可能会有例外,执着于答案是哪一个并不重要,重要的是,为什么你认为那个答案是正确的,背后的原因是否有科学证据支持。

第二章(025页)

【是非题】

1.×(这是没有根据的说法。)

2.×(多数能力虽然有发育的敏感期,但过了敏感期,还是可以发展到精熟的程度。以外语学习为例,青

大家准备好了吗?来看看自己和孩子的学习成果吧!

春期才开始学习，或许在发音上无法那么标准，但其他部分都有机会可以学到精熟。）

3.√（多数能力会侧重于使用某半边的脑，但并不是说只有那半边脑负责，另外半边脑就完全不参与。）

4.×（都是由左右脑共同运作来处理，除非某半边脑的脑部区域已经受损，或是左右脑联系出了问题，才有可能发生。）

5.×（最适合的做法是做类似但有些不同的事情，对大脑才是最好的刺激。若总是做一模一样的事情，大脑会偷懒，反而达不到练习的效果。）

第三章（052页）

请选择一个知觉力游戏和孩子进行互动，并参考表格范例填写及记录过程。

游戏名称	模仿大赛
孩子对游戏的理解程度	★★★★☆
孩子对游戏的喜好程度	★★★★★
该怎么把游戏和学科学习搭上关系？	可以看到一个字的时候，先描述字的外观，是方的还是右大左小……
其他感想	孩子学得很快，下次可以挑战一些高难度的课题，让孩子来模仿。

【单选题】

答案：C

第四章（075页）

请选择一个注意力游戏和孩子进行互动，并参考表格范例填写及记录过程。

游戏名称	趣味跳圈
孩子对游戏的理解程度	★★★★★
孩子对游戏的喜好程度	★★★★★
该怎么把游戏和学科学习搭上关系？	可以在圆圈里填上圈叉符号和不一定等答案，然后问孩子问题，请孩子快速跳到正确答案的圆圈内。
其他感想	圆圈内的数字若不是照顺序排列，可以增加游戏的难度。另外，在玩到一半的时候，改变圆圈的位置，也可以考验孩子解决冲突的能力。

【是非题】

1. ×（专注力只是注意力的一个部分。）

2. √（视觉注意力会受限于视觉能力发展。）

3. √（孩子在专心做事情的时候，若能不打断他们，就尽量不要打断。）

4. √（父母可以在孩子快要分心的时候适时介入，就能够让他们再专注一下。但如果你一直插手，可能会适得其反。）

5. ×（警觉和冲突解决能力往往是有强有弱，其中一个能力好的人，通常他的另一个能力就比较差，像我就是警觉差、冲突解决能力好的人。）

第五章（104页）

请选择一个记忆力游戏和孩子进行互动，并参考表格范例填写及记录过程。

游戏名称	分类记忆
孩子对游戏的理解程度	★★★★★
孩子对游戏的喜好程度	★★★★☆
该怎么把游戏和学科学习搭上关系？	可以找孩子正在背的英文单词，当作游戏素材，引导孩子通过分类，来记下这个英文单词。
其他感想	孩子玩游戏的时候都很会背，但要套用在学习上，就需要很多的提醒，真是头痛。

【多选题】

答案：ABCDE

第六章（126页）

请选择一个思维力游戏和孩子进行互动，并参考表格范例填写及记录过程。

游戏名称	国王的规则
孩子对游戏的理解程度	★★★☆☆
孩子对游戏的喜好程度	★★★☆☆
该怎么把游戏和学科学习搭上关系？	可以看一些形似字，如"清""请""情"等，让孩子去探索这些字的发音是不是有一定的规律性。
其他感想	孩子对于规则的理解，有时候和大人差异性很大，只要孩子的规则是合理的，就算和大人认定的不一样，应该也要算他答对。

【是非题】

1.×（逻辑推理只能算是思维力中的一个部分。）

2.×（思维力的养成可以从小养成，例如用固定的方式做事情，让孩子知道事情的运作有一定的规律。）

3.√（孩子做了一个动作之后，若能有即时对应的反馈，对孩子来说是很好的刺激，他的大脑会认为这动作与反馈是有关联性的。）

4.×（各种学问都需要思维力。）

5.√（规律是思维力的基础。）

第七章（150页）

请选择一个规划能力游戏和孩子进行互动，并参考表格范例填写及记录过程。

游戏名称	天平倾斜了
孩子对游戏的理解程度	★★★★☆
孩子对游戏的喜好程度	★★★★★
该怎么把游戏和学科学习搭上关系？	当孩子还在学习加减法的时候，可以请孩子把题目中提到的数量放在天平的一侧，他的答案放另外一侧，看看是否会平衡，就知道答案有没有问题。
其他感想	自制的天平，对于重量的敏感度不是太好。所以，最好还是拿一个真的天平，以便更好地示范。

【多选题】

答案：BCE

第八章（153页）

请参照这份表格和孩子一起讨论他做不同事情的动机。

	内在动机	成就动机	外在动机
写作业	☆☆☆	☆☆	☆☆☆☆
玩	☆☆☆☆☆	☆☆☆☆	☆☆
做家务	☆	☆☆	☆☆☆

★可任意增加

【是非题】

1. ×（妥善使用外在动机，有机会在一开始的时候提升孩子的动机。）

2. ×（孩子也可能有高的成就动机。）

3. ×（孩子都有一定的极限，对有些事情可能就是提不起劲。）

第九章（168页）

1. 请参照这份表格帮孩子的学习习惯做检查。

学习习惯总体检	是	否
多数时候，孩子对于喜欢的事物，是否会主动想要学习		
多数时候，孩子对于陌生的事物，是否会主动想要学习		
多数时候，孩子对于不喜欢的事物，是否会主动想要学习		
多数时候，孩子是否会有触类旁通的习惯 （比如孩子会说"这个和我之前遇到的什么很像""是类似的"）		
多数时候，孩子是否会愿意事前预习		
多数时候，孩子是否会愿意事后复习		

★若觉得自己孩子符合"是"的情况较多，说明孩子的学习习惯较佳

2. 请参照这份表格，针对三个学习习惯的养成，跟孩子讨论实践的方案。

	原本的做法	改善的做法
主动学习		
串联知识点		
预习与复习		

第十章（174页）

1. 请参照这份表格，与孩子回顾他处于不同学习状况时的情绪，并讨论原因。

	开心	普通	无聊	难过	愤怒
上学	☆	☆☆			
上才艺班					
参加夏令营					

★可任意增加

2. 请参照这份表格，思考面对这些学习困境要如何改善。

	原本的做法	改善的做法
学习是谁的事	事不关己，这是爸妈要我学的	
如何循序渐进	不考虑孩子的能力，直接设定难度	
能否学以致用	不考虑学以致用	
是否融入群体学习	私人家教	

第十一章（183页）

请参照这份表格，跟孩子彼此打分数，看谁的生活习惯比较好，拿到最多颗星星。

	饮食	运动	睡眠
孩子	☆☆☆	☆☆☆☆	☆☆☆☆
家长	☆☆☆	☆☆	☆☆☆

★可增加天数

第十二章（196页）

请参照这份表格，列举不同的学习活动，和孩子（或老师）讨论现在学校的上课内容，学习状况是否可以变得更好。

学习活动	学习的现况	可以改善的部分
全英语式的教学	孩子程度不一，老师容易忽略程度中等以及中等以下的孩子，导致孩子有时候不是很了解老师想要表达的是什么	多与老师沟通，课前帮孩子做一些预习，并协助孩子串联知识点，减少学习上的障碍。

★可任意增加

【多选题】

答案：AE

附录

213

著作权合同登记号 图字：01-2020-5359号

中文简体字版 © 2021 年，由朝华出版社出版。

本书由城邦文化事业股份有限公司正式授权，经由CA-LINK International LLC代理，朝华出版社出版中文简体字版本。非经书面同意，不得以任何形式重制、转载。

图书在版编目（CIP）数据

自主学习力 / 黄扬名著. -- 北京：朝华出版社，2021.3（2021.9重印）

ISBN 978-7-5054-4712-7

Ⅰ.①自… Ⅱ.①黄… Ⅲ.①学习兴趣—家庭教育 Ⅳ.①G782②G442

中国版本图书馆CIP数据核字（2020）第224764号

自主学习力

作　　者	黄扬名
统筹策划	袁　侠
责任编辑	王　丹
责任印制	陆竞赢　崔　航
装帧设计	MM末末美书　QQ:3218619296
插　　画	graphic narrator；虫虫（作者Q版漫画人像）

出版发行	朝华出版社
社　　址	北京市西城区百万庄大街24号　　邮政编码　100037
订购电话	（010）68996050　68996522
传　　真	（010）88415258（发行部）
联系版权	zhbq@cipg.org.cn
网　　址	http://zhcb.cipg.org.cn
印　　刷	阳谷毕升印务有限公司
经　　销	全国新华书店
开　　本	710mm×1000mm　1/16　　字　数　180千字
印　　张	14.5
版　　次	2021年3月第1版　2021年9月第3次印刷
装　　别	平
书　　号	ISBN 978-7-5054-4712-7
定　　价	49.80元

版权所有　翻印必究·印装有误　负责调换